VideoStudio 2022

ビデオスタジオ

動画編集テクニック

はじめに

　最近は、スマートフォンで動画撮影して、その場で編集して YouTube などにアップロードしたり、知り合いにシェアする人が増えています。

　この場合、動画編集が手軽にできる反面、できないこともあります。

　「テキストのフォントを任意のものに変更」したり、「モザイクをつけ」たり、「秒・フレーム単位でのカット編集」や「音楽・効果音の挿入」も、指で操作するのは難しいでしょう。

　スマートフォンでは DVD も作成できません。

　リコーの「THETA」シリーズや GoPro の「GoPro MAX」などの 360 度カメラも、スマートフォンアプリで操作して録画したり、簡単な編集も行なうことができます。

　ですが、「テキストを載せる」「モザイクを掛けて被写体を隠す」など、より凝った作品を作るなら、「パソコン」と専用の「動画編集ソフト」が必要です。

＊

　そこで本書は、初心者から上級者まで多くのユーザーに親しまれている「Corel VideoStudio」（コーレル・ビデオスタジオ）を使った編集を解説します。

＊

　「YouTube 作品」、「学園祭のムービー」、「結婚式のプロフィールビデオ」や「ミュージックビデオ」など凝った作品から、「旅行の思い出」「子供の成長記録」など、ホームビデオの簡単な編集もできます。

＊

　本書を通して、動画編集にさらに興味をもっていただき、パソコンライフを楽しいものに、表現の幅が広がれば幸いです。

西村　太一

　※ 本書では、紙面のスペースの都合上、また初心者にもやさしく理解していただくために、「VideoStudio」のインターフェイス（画面の作り）や機能の各名称を、正式名称ではなく、簡略化したり、分かりやすい表現にしている場合があります。あらかじめご了承ください。

　<<例>>
　「トランジション → 切り替え効果」
　「クロスフェード → 2 つの曲がだんだん入れ替わる」…etc.

VideoStudio 2022 動画編集テクニック

CONTENTS

CONTENTS

サンプルのダウンロード

工学社のサポートページから**付録 PDF** などのコンテンツをダウンロードできます。

http://www.kohgakusha.co.jp/support.html

ダウンロードした ZIP ファイルを、以下のパスワードで解凍してください。

T45GFbQa

※ 半角で大文字小文字の区別をつけて入力してください。

第**1**章

「360度カメラ」で撮影しよう

「360度カメラ」は、メーカーによって特徴があります。

また、それぞれの機能が違うため、動画編集ソフトで編集する前に、専用のツールで変換をしなければなりません。

そこで本章では、実際に「360度カメラ」で撮影したときの流れと、「動画編集ソフト」で編集するための準備を解説します。

1.1 主要「360度カメラ」で撮影しよう

カメラによって、撮影方法が違ってきます。
ここでは、各種カメラでの撮影の流れについて解説します。

■ 準備のときに気をつけること

出掛ける前に、「バッテリ」がフル充電できているか確認しましょう。
複数のバッテリを用意しておくと安心です。
また、SD カードや本体に記録されている動画をパソコンや外付け HDD にバックアップして、SD カードや本体の空き容量が充分か確認しましょう。

! Point バッテリは純正がオススメ

通販サイトなどで、安いバッテリが販売されています。
しかし、商品によっては劣化が早く、サイズが膨れてしまうものがあります。

とてもピッタリした設計のため、バッテリが少しでも膨れると、着脱が困難になり故障の原因になりますので、「純正バッテリ」を使うようにしましょう。

! Point microSD カードは大容量か複数枚

360 度カメラで撮影した動画ファイルは、とても大きなサイズになります。
GoPro MAX など microSD カードをセットする機種は、128GB や 512GB など大容量のカードを用意したり、複数枚カードを用意するといいでしょう。

● 「三脚」「グリップ」「ジンバル」を用意する

「360度カメラ」は、本体だけを使った撮影はとても大変です。
地面などに置いて「固定」で撮影するなら「三脚」を、歩きながらや、少し高い位置から撮影するなら、「グリップ」を利用しましょう。

三脚

グリップ

GoPro MAX 用の「MAX グリップ」（別売）は、"簡易三脚"にもなります。

■「THETA V」

●「THETA V」の「電源の入れ方」「撮影の仕方」

本体側面にある「電源ボタン」を押します。

中心にある「撮影ボタン」を押すだけで「360度」撮影が出来ます。

← 撮影ボタン

← Wi-Fi

← 写真／動画
切り替え

各ボタン

●「THETA V」を、「スマートフォン」で「撮影」「コントロール」する

スマホアプリの「THETA」をダウンロードすることで、(a)「プレビュー」を見ながら撮影したり、(b)「THETA V」に保存された動画を閲覧できます。

＊

画面上部に「写真・動画切り替えボタン」「設定ボタン」、画面下部に「EV」「Option Setting」「Auto ボタン」が表示されています。

「OptionSetting」では、「ノイズ低減」「DR 補正」「HDR 合成」などを設定できます。

また、「Auto」をタップすると、「シャッター優先」「ISO 優先」「マニュアル」を選択できます。

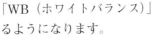

このように、「ISO（感度）」「WB（ホワイトバランス）」「EV（露出補正）」を選択できるようになります。

「ISO」「WB」「EV」を選択できる

「動画で撮影」する場合は、画面上部に「撮影ができる残り時間」「映像サイズ（画質）」「本体のバッテリ残量」が確認できます。

アプリの動画撮影画面

■ THETA用のソフトを使って、編集できるファイルに変換する

「Theta」の公式サイト（https://support.theta360.com/ja/download/）から、「基本アプリ」の「Download」をクリックして、ソフトをダウンロードします。

[1] 公式サイトにアクセスし、「基本アプリ」の「Download」をクリック。

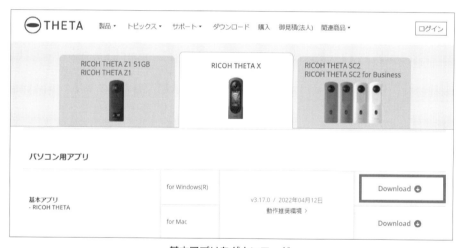

基本アプリをダウンロード

[2] ダウンロードが終わったら［ファイルを開く］をクリックして実行し、インストールします。

保存して、ファイルを実行する

[3] スタートからアプリを起動します。

[4] パソコンにデータを取り込みます。

① 「THETA V」の底面にある「USB差し込み口」とPCを、「USBケーブル」で接続。
② 画面の表示に従い、[デバイスを開いてファイルを表示する]を選択。
③ デスクトップなど好きな場所にデータを「ドラッグ＆ドロップ」。

[5] このウィンドウに、撮影したデータを「ドラッグ＆ドロップ」。

表示できない「360度ビデオ形式」だった場合、「動画変換」が出てきて、再生可能な形式に変換を行ないます。

「開始」をクリックしてください。

動画変換

[6] 変換が完了すると、再生が始まります。

変換が完了

■ GoPro MAX

● 「GoPro MAX」の電源の入れ方・撮影の仕方

撮影を行なうには、3通りの方法があります。

・方法A
本体の側面にあるmodeボタンを押してから、録画ボタンを押す。

・方法B
録画ボタンを押して即撮影開始する。

・方法C
本体側面のmodeボタンを押して電源を入れ、スマートフォンで操作する。

[1]「mode」を一回押して、電源を入れます。
　「mode」を押すと写真、動画、タイムラプスなど、撮影設定が入れ替わります。画質などの設定は、液晶画面をタップして行ないます。

[2]「撮影ボタン」を押して動画撮影を開始。

[3]「撮影ボタン」を押して動画撮影を終了。

[4] 電源を終了させるには、液晶画面がオフになるまで「mode」を長押し。

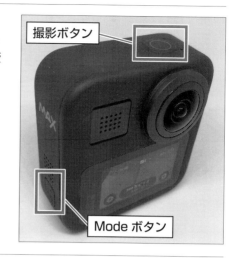

● 「GoPro MAX」をスマートフォンで、撮影・コントロールする
　「GoPro Quik」を使うと、プレビューを見ながら撮影を開始したり、より分かりやすい画面で設定できます。ここでは iPhone 版で操作を紹介します。

[1] アプリを起動。

[2] 画面右下にある「GoPro」をタップ。

　カメラが登録済みの場合は「GoPro をコントロール」をタップ。

　初めて使う GoPro カメラの場合、画面右上にある＋ボタンをタップします。カメラ一覧が表示されるので、任意のカメラを選択します。（ここでは GoPro MAX）

　「カメラの電源を入れてください」と表示されたら、カメラの電源を入れます。

アプリの画面

[3]「GoPro MAX」の本体で設定をします。液晶画面の上から下の方に指でスワイプ。

　「ユーザー設定」をタップ、「接続」をタップし、「ワイヤレス接続」が「オン」になっていることを確認します。「オフ」になっている場合は「ワイヤレス接続」をタップしてオンを選択します。

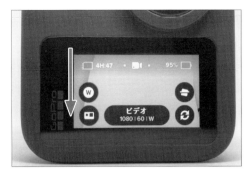

[4]「デバイスの接続」をタップし「GoPro アプリ」を選択。

[5] スマートフォンの画面に「カメラが見つかりました」「Bluetooth ペアリングの要求」「ネットワークに接続しようとしています」などが表示されるので、ペアリングや接続をタップして設定。

[6] 撮影時のスマホの画面。真ん中の「○」で撮影を行ないます。

[7] 設定では、「解像度」「フレーム数」などが調整できます。

また、「バッテリの残量」や「SDカードの空き容量」も簡単に確認できます。

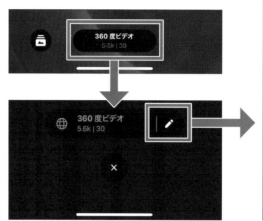

設定

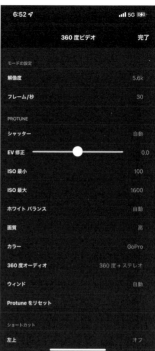

● パソコンに「GoPro プレイヤー」をインストールしよう

パソコンに取り込む際には、公式で配布されている専用ソフト、「GoPro プレイヤー」を使います。

[1] スタートボタンから「Microsoft Store」を起動。

「GoPro Player」と検索し、「GoPro Player → 入手」をクリック。

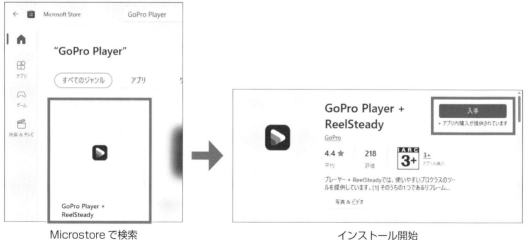

Microstore で検索　　　　　　　　　インストール開始

! Point

アプリのインストールには、Microsoft アカウントが必要な場合があります。
持っていない場合は無料で作成しましょう。「https://account.microsoft.com 」または、無料メール「Outlook.com」で無料アカウントを作成しましょう。

● パソコンにデータを取り込む準備

[1] パソコンと「GoPro MAX」を付属のUSBケーブルで接続します。

そのあとに「mode」ボタンを押下して電源を入れると、液晶画面に[USBで接続済み]と表示されます。

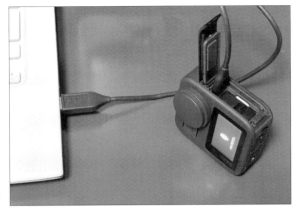

USBの差込口はバッテリの上にある

[2] スタートボタンから[GoPro Player]を探し、起動。

[メディアを開く]をクリック。

アプリの起動画面

[3]「MTP USBデバイス」の中にあるフォルダを開いていくと[DCIM]フォルダの中に撮影した動画が入っています。見たい動画や画像を選択し、開きます。

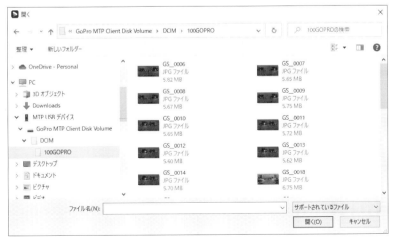

ファイルを選択

[4] 動画をプレビュー再生したり、タイムラインを動かしてカットボタンをクリックすることで、簡単なカット編集ができます。

　プレビュー画面を好きな方向にドラッグすると、カメラの視点を変えることができ、[再レベル]ボタンで元の位置に戻すことができます。

[5] VideoStudio で読み込める動画としてエクスポートします。

　[ファイル]をクリック、[エクスポート]をクリック

[6] 高度なオプションをクリック、設定を変更します。

- ・H.264
- ・H.265（対応した PC 環境と、Windows Store で拡張アプリを導入する必要がある）

[7] 「次へ」をクリックして動画を作成。

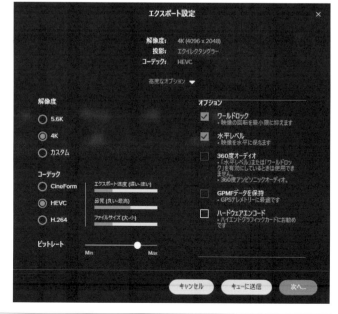

第2章

「4Kカメラ」で撮影しよう

動画の編集を行なうには、まずカメラで撮影をしなければなりません。

最近は、「地上波デジタル放送」や「Blu-rayDisc」でもおなじみになってきた「ハイビジョン」「フルハイビジョン」よりも大きな映像の「4K」のカメラも値段が落ち着き購入しやすくなってきました。

そこで本章では、実際に「4Kカメラ」で撮影する簡単な流れを解説します。

2.1 「4Kカメラ」で撮影しよう

ここではカメラでの撮影の流れについて解説します。

※ 詳細は機種によって異なるため、それぞれの説明書を確認してください。

■ 出発前に気を付けること

出発前に、以下を確認しましょう。

- 本体付属のバッテリ、予備バッテリの充電が充分か
- SD カードの中身のバックアップ、空き容量が充分か
- 三脚やジンバルがちゃんと使えるか

■ 撮影時に気を付けること

● 撮影するときは、なるべく「三脚」を使う

カメラの「手振れ補正機能」は完璧ではありません。
「三脚」に固定して撮影を行なうと、より安定した映像になります。

＊

「三脚」には、「デジタルカメラ用」「ビデオカメラ用」があります。

基本は同じですが、ハンドルを使って上下左右に動かしたときに、「ビデオカメラ用」だと滑らかにスライドができ、「デジタルカメラ用」だと引っかかりがなく、すぐ動いてしまいます。

＊

「三脚」が使えないときは、脇を閉め、なるべくゆっくり動くようにして撮影するといいでしょう。

三脚

■ ハンディタイプのカメラの電源の入れ方・撮影開始

基本的にビデオカメラは「プレビュー」ウィンドウを開くことで、電源が入ります。

「赤いボタン」を押すことで撮影がはじまり、再度押すと撮影が終了します。

■ 撮影したデータをパソコンに入れる方法

[1] まず、パソコンとビデオカメラを付属の「USB ケーブル」で接続。

「USB ケーブル」を接続

[2] カメラの画面で「パソコン」をタップ。

　これで、パソコン側で認識されるようになります。
　SD カードが装着されていると「USB ドライブ」として表示され、カメラの内蔵メモリは「CAM_MEM」という名前で表示されます。

「パソコン」をタップ

[3] 「VideoStudio」で「取り込み」タブをクリック、「ディスクまたは外付けドライブからの取り込み」をクリック。

「ディスクまたは外付けドライブからの取り込み」

[4] 動画の入っているフォルダを選択。
　ビデオカメラの本体に動画が入っている場合は「CAM_MEM」ドライブ、SD カードの場合は SD ドライブなどを探します。

　撮影時の設定やカメラの機種によって保存されるフォルダの場所が違いますが、次のような場所にファイルが有ることが多いです。

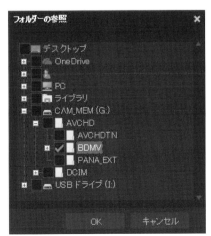

・DCIM フォルダ → 英数字のフォルダ
・PRIVATE フォルダ → M4ROOT フォルダ → CLIP フォルダ
・PRIVATE フォルダ → AVCHD フォルダ → BDMV フォルダ

[5] 取り込むフォルダが選択されました。

フォルダを選択し直すときは、表示されているフォルダをダブルクリック。

他のフォルダを追加する場合は「フォルダーの参照」をクリック。

フォルダをリストから削除するときは、フォルダを選択して、右側にある「×」をクリック。

準備ができたら「開始」をクリック

[6] 取り込みたい動画ファイルを見つけたら、サムネイルの左上にある四角をクリックして、チェックを入れ、「取り込み開始」をクリック。

取り込み開始

ボタンの機能は、次のとおりです。

① クリップのプレビュー	動画の中身をチェック。
② ビデオのクリップのみを表示	動画だけ表示。
③ 写真のクリップのみを表示	写真だけ表示。
④ すべてのクリップを表示	動画と写真の両方を表示。
⑤ フォルダ名で並び替え	名前順に並べ直す。
⑥ 作成日時で並び替え	作成日時毎に分けて表示。
⑦ すべてのクリップを選択	表示されているサムネイルのすべてに、取り込むためのチェックを付ける。
⑧ すべての選択を解除	チェックマークをすべて外す。
⑨ 選択範囲の反転	選択/選択していない状態をひっくり返す。
⑩ リムネイルのリイズを変更	サムネイルのサイズを人きくしたり小さくする。

[7] パソコンへの取り込みが終わると、「VideoStudio」へのインポート設定が表示されます。

「ライブラリに登録する」「タイムラインに挿入」などの設定ができます。

「ライブラリへ取り込み」の「サンプル」の隣にある「＋」ボタンをクリックすると、新規フォルダが作成できます。

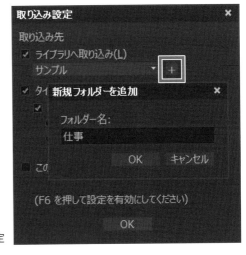

インポート設定

編集ワークスペースのメディアライブラリにフォルダとともに追加された

[8] 「タイムラインに挿入」で「撮影日情報をタイトルとして追加」にチェックを入れると、「撮影日」が映像の上に自動で入力されます。

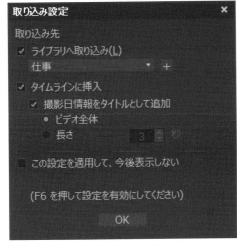

タイムラインに挿入

■ 動画の撮影時間を表示する方法 (Ultimate 版)

　「Ultimate 版」には、数字をカウントアップ・ダウン表示できる「時計」フィルタが搭載されています。

[1] 動画に、フィルタの NewBlue Elements にある「時計」を適用します。

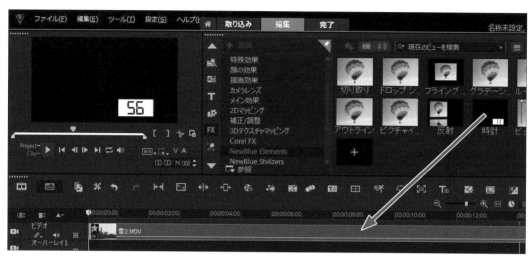

動画にフィルタを適用

[2] 動画クリップの「星マーク →
フィルタ → 時計」をクリック。

[3] 好きなデザインを選択し、
[開始時間] に撮影し始めた時
刻を設定すると、その時間から
カウントが始まります。

　日付はタイトルトラックに
入力しましょう。

　画像を参考に設定してみて
ください。

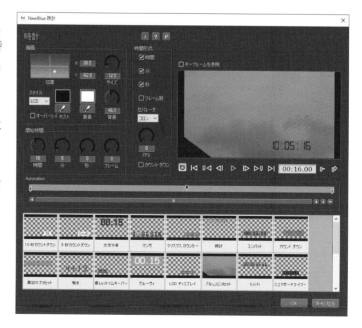

第3章

「VideoStudio」で編集しよう

　ビデオカメラで撮影した動画を、ただ保存しているだけではもったいないです。

　ブレてしまったり、要らない箇所をカットして削除したり、文字を載せてどこで撮影したのかを見る側に分かりやすくすることで、思い出の作品を作ることもできます。

※

　そこで本章では、「動画の編集の基本的な流れ」を解説します。

3.1 「動画編集」の流れを確認する

　「動画編集」とは、動画編集ソフトを使う前の「素材集め」から編集が終わったあとの「ファイルの完成」までを指します。

　ここでは、おおまかにどのような流れで編集を行なうのかを説明します。

■ 動画編集の"流れ"を確認しよう

　「動画編集」は、大きく3つの段階（ステップ）に分けることができます。

①「編集したい素材を用意する」
②「実際に編集をする」
③「DVD メディアに書き込んだり、動画ファイルとして保存する」

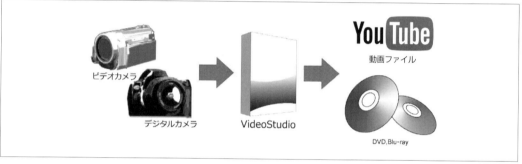

動画編集の3つの段階

　これを「VideoStudio」では、

①「取り込み」ワークスペース
②「編集」ワークスペース
③「完了」ワークスペース

という3つの画面で切り替えられるようになっています。

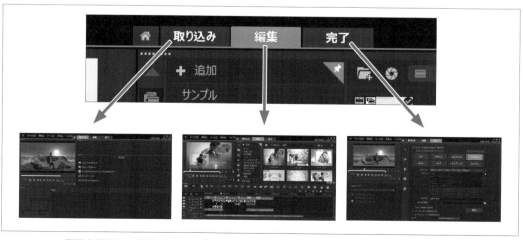

画面上部の[タブ]をクリックすることで、ワークスペースを切り替えることができる

3.2 「VideoStudio」を入手する

　「VideoStudio」は、Windows 用動画編集ソフトです。家電量販店で購入できるほか、Amazon などのネットショップ、Corel やソースネクスト、Microsoft Store で「ダウンロード版」を購入することもできます。

　まだもっていない人は、「無料体験版」をダウンロードして、30 日間使ってみましょう。

　公式サイト「https://www.videostudiopro.com/jp/free-trials/」にアクセスし、「今すぐダウンロード」をクリックしてダウンロードします。

■「Pro 版」と「Ultimate 版」

　「VideoStudio」には、「Pro 版」と「Ultimate 版」の 2 つが存在します。

　「Pro 版」は、標準的な機能を備えています。
　「Ultimate 版」は、「映像効果」や「3D タイトル」「手振れ補正」など高価なプラグインエフェクトが多数搭載されています。
　「より凝った編集をしたい」「YouTube などに動画をアップロードしたい」という人は、「Ultimate 版」のほうがいいでしょう。

3.3 動画をパソコンに取り込む

　パソコンで動画編集をするのには、ビデオカメラなどからパソコンへ動画を保存する必要があります。

　ここでは、さまざまな動画をカメラなどから取り込む方法を解説します。

■ [取り込み] ワークスペースを理解する

　[取り込み] ワークスペースをクリックすると、どのようなデバイスから映像を取り込むのかを選ぶことができます。

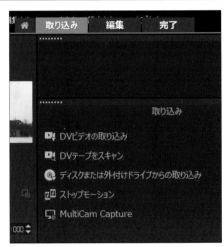

・DV ビデオの取り込み

　「DV カメラ」「HDV カメラ」などから取り込む。

・DV テープをスキャン

　「DV カメラ」「HDV カメラ」からシーンを選択して効率的に取り込む。

・ディスクまたは外付けドライブからの取り込み

　「HDD タイプのビデオカメラ」「DVD」「SD カード」などから取り込む。

[取り込み] ワークスペース

・ストップモーション

　「Web カメラ」「一眼レフカメラ」を使って、「ストップ・モーション」を撮影する、または「連続した静止画」を読み込んで「アニメーション」にする。

・MultiCam Capture

　パソコン画面上を録画する。同時に「Web カメラ」の映像を録画できる。

● iPhone から動画・写真を保存する方法

　iPhone で撮影した動画ファイルを転送する方法を紹介します。

[1] iPhone の画面ロックを解除した状態で、「パソコン」と「iPhone」を USB ケーブルで接続。

[2] iPhone の画面で「このコンピュータを信頼しますか？」と表示されたら「信頼」をタップし、いつもロック解除で入力しているパスコードを入力します。

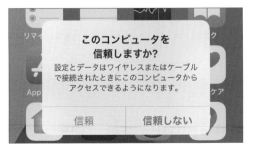

iPhone の画面

[3]「フォルダ → PC → Apple iPhone」をクリック。

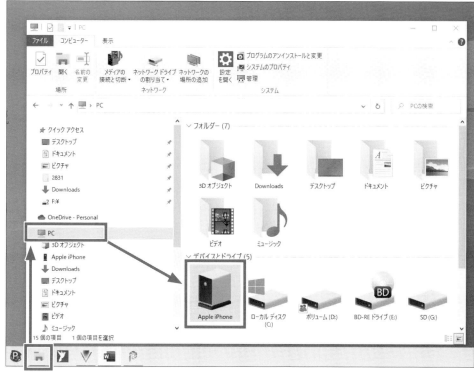

フォルダをクリックしていく

[4]「Internal Storage → DCIM」フォルダをクリック。

年と月のフォルダの中に撮影した写真などが入っているので、「マイドキュメント」や「マイピクチャ」などにドラッグ＆ドロップして保存します。

ファイルが多いと、表示されるまでに時間がかかるので、気長に待つ

● Android から動画・写真を保存する方法

　Android で撮影した動画ファイルを転送する方法を紹介します。

---

[1] スマートフォンの画面ロックを解除した状態で、「パソコン」と「スマートフォン」を USB ケーブルで接続。

[2] スマートフォン画面で「USB の使用目的」が表示されたら「写真の転送」をタップします。

[3] 「フォルダ → PC → スマートフォンの機種名 → 内部ストレージ → DCIM → Camera」フォルダに撮影した動画などが入っているので、「マイドキュメント」や「マイピクチャ」などにドラッグ＆ドロップして保存します。
（機種によって違います）

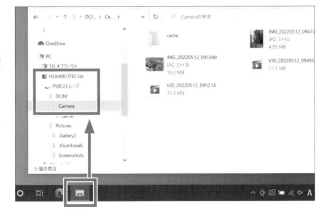

⚠ Point

　もしスマートフォンで撮影した動画（.mp4）が読み込めず、「Windows Media Player」で再生しようとしたときに、「プレーヤーがそのファイルの種類をサポートしていないか、そのファイルの圧縮に使用したコーデックをサポートしていない可能性があります」と表示された場合、H.265（HEVC）で録画されている場合があります。

　「VideoStudio」が「HEVC」(H.265) サポートするには、「Windows 10 以降の OS」および対応する PC ハードウェアまたはグラフィックカードが必要です。
　また、Microsoft ストアで配布されている「HEVC ビデオ拡張拡張」を導入する必要があります。

　環境の問題などで「HEVC」を扱うことができない場合、iPhone などは USB ケーブル経由での転送時に「H.264」に変換する機能があります (機種による)。
（iPhone での設定例）「設定」→「写真」→「MAC または PC に転送」で自動を選択。

■「Web カメラ」を使って「動画撮影」「写真撮影」する方法

「Web カメラ」を使って「動画撮影」「写真撮影」する場合、作りたい映像によって使う機能が変わります。

・ビデオカメラのように録画したい。
　　→ [DV ビデオの取り込み]
・撮影してコマ撮り作品を作りたい。
　　→ [ストップモーション]（後半を参照）

・ゲームのプレイ動画や、PC の操作をしている
様子を同時に録画したい。
　　→「Multicam Capture」を使う。

● [DV ビデオの取り込み] で録画する

「DV ビデオの取り込み」を使うと、「Web カメラ」や「DV カメラ」など外部映像デバイスから録画することが可能です。

ビデオの取り込み

[1] [ソース] で接続されているデバイスを選択。
　ノート PC 内蔵の「Web カメラ」は [USB2.0Camera] となっていました。

[2] [形式] を選択。
　「Web カメラ」の場合、記録できるのは「MPEG2」のみで、「DVD サイズ」か「ハイビジョン・サイズ」（MPEG2HD）が選択できます。
　隣にある歯車のマークをクリックし [詳細設定] を選択するとフルハイビジョンなどを選択することもできます。

[3] 「ファイル名」などを入力し、[ビデオの取り込み] をクリックして、録画を開始。

[4] 録画を終了する場合は、[取り込みを停止] をクリック。

■ [MultiCam Capture 2.0 Lite] で Web カメラや PC 操作を録画

「MultiCam Capture 2.0Lite」は、「デスクトップ画面」と「Web カメラ」の同時録画を可能にする高機能な画面録画ソフトです。

「パソコン操作の解説動画」や「ゲームのプレイ動画」の作成に便利な機能です。

＊

（a）「VideoStudio」の「取り込み」にある「Multicam Capture」をクリックするか、（b）Windows のアプリ一覧から「MultiCam Capture 2.0 Lite」を選択して起動します。

各サムネイル下にあるスイッチをクリックして、「有効・無効」を切り替えます。「有効」だと「青」になっています。

「MultiCam Capture 2 Lite」を起動した

● パソコン上の設定

[1] 全画面またはカスタムと表示されている部分をクリックすると、録画の範囲を指定できます。

表示されているアプリケーションやウィンドウ名を選択すると、録画範囲が自動調整されます。

オレンジ色の枠を直接ドラッグすることで範囲を広げたり狭めたりできます。

録画範囲の指定を行ない、ゲームのウィンドウだけを録画するようにしてみた

[2] 各デバイスのマイクのマークをクリックすると、「有効」と「無効」を切り替えたり、「音声デバイス」を変更することができます。

ボリュームメーターが表示されているので、マイクが有効になっているか見て確認できます。

マイクの設定切り替え

[3] 各デバイスの画質を選択するには、マイクマーク下の「最高」や「1920x1080」と表示されている箇所をクリック。

数値を小さくしたり「標準」などを選択することで録画時の動作が軽くなりますが、そのぶん画質が悪くなります。

カメラの性能によって表示される数値が違います。

画質の選択

[4] 歯車のマークをクリックすると、設定が変更できます。

（a）録画時のファイルの名前や、（b）マウスをクリックしたときに注目させるアニメーションの有効無効、（c）録画時のフレームレート——などが選択できます。

プロジェクトファイル名を変更しておくと整理しやすい

● 録画の開始・停止

[1] 録画を開始するには、赤い丸のアイコンをクリックするか、キーボードの F11 を押下します。

録画ボタンをクリック

[2] 画面録画中は基本的に「MulticamCapture Lite」や Web カメラの映像は表示されません。

Web カメラの映像を表示しておきたい場合は録画前に設定で「録画時にウェブカメラのプレビューウインドウを閉じる」のチェックを外す必要があります。

ただし、Web カメラの映像を表示しながら録画するとパソコンの動作が重くなります。

ゲームの画面や PC の画面だけになります

[3] 録画を停止するには、（a）キーボードの「F11」を押下するか、（b）タスクバーにあるアイコンをクリックして、「MulticamCapture Lite」を表示し、「赤い四角」の停止ボタンをクリック。

ショートカットキーがうまく動かないときは、タスクバーからでも停止できる

[4] 録画を停止すると、作成された動画ファイルが表示されます。

保存場所はマイビデオフォルダの中の MulticamCapture フォルダの中です。

録画前の設定で変更できます。

パソコン画面（ゲーム）と Web カメラの映像と音声がそれぞれ保存されている

3.4 動画や画像を「VideoStudio」に読み込もう

編集を行なうには、「VideoStudio」の中にデータを読み込まなければなりません。

ここでは、「VideoStudio」への読み込み方、「タイムライン」に素材を置く方法を解説します。

＊

パソコンにすでに保存されている動画や画像を「VideoSutdio」に読み込むには、大きく分けて3つの方法があります。

■「メディアファイルを取り込み」

[1]「編集」ステップをクリックすると、縦状にメニューが表示されます。

いちばん上の「メディア」アイコンをクリック。

「メディア」アイコン

[2]「メディア・パネル」（アイコンが多く表示されている部分）のいちばん左上にある「メディアファイルを取り込み」をクリック。

メディアファイルを取り込み

[3] 編集したいファイルが保存されているフォルダを開き、ファイルを選び、「開く」をクリック。

素材を選択

[4] ライブラリパネルのボタンは、次のようになっています。
　編集に応じて「動画」「画像」「音声」の、「表示」と「非表示」を切り替えることができます。

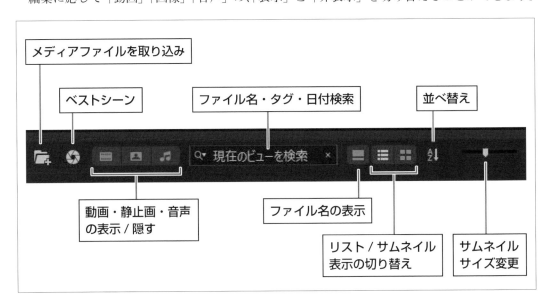

[5] VideoStudio に取り込む前に「追加」をクリックすると、任意の名前のフォルダーを作成できるので整理しながら編集ができます。

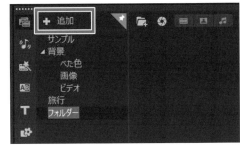

[6] 取り込んだファイルにタグを設定しておくと検索がしやすくなります。

　ファイルの上で右クリックしてタグをクリック、カテゴリーやタグを追加してよく使うキーワードを設定しておきます。

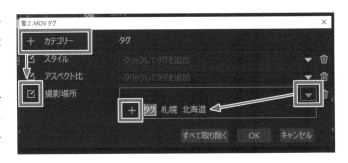

[7] 「Ultimate 版」では「顔のインデックス」機能があり、AI（人工知能）で人の顔でグループを作成してくれます。

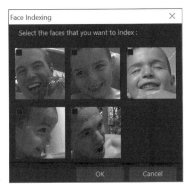

右クリックして「顔のインデックス」を選択

[8] 検索ウィンドウをクリックすると、キーワードを検索できるほか、日付や登録されている
タグなどをクリックして指定できます。

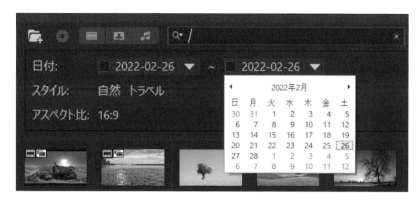

[9] 使いたい動画を「タイムライン」に「ドラッグ＆ドロップ」。

メイントラック（一番上）にドラッグ＆ドロップ

● VideoStudio の表示を小さくして「ドラッグ＆ドロップ」

　画像や動画のファイル数が多かったり、ファイルを複雑に管理している場合は、この方法が
楽です。

[1] 全画面表示になっている場合は、画面右上の「元に戻す」をクリック。

「元に戻す」をクリック

[2] ウィンドウ表示になったら、VideoStudio の四隅をドラッグして少し小さい表示にし、デスクトップなどにあるファイルをタイムラインに直接「ドラッグ＆ドロップ」。

　取り込みが終わったら、VideoStudio の最大化をクリックして、全画面表示に戻すといいでしょう。

メイントラック（一番上）にドラッグ＆ドロップ

● ウインドウを上に表示して「ドラッグ＆ドロップ」
　参照をクリックすると、フォルダウィンドウが上に表示されるので、直接 VideoStudio にドラッグ＆ドロップします。
　フォルダウィンドウはタスクバーに残っています。

■2種類の編集モード

「VideoStudio」のタイムラインには2種類の編集モードがあり、タイムライン上部にあるボタンで切り替えることができます。

● ストーリーボードビュー

「メイン・トラック」にある「動画」「写真」や「切り替え効果」（トランジション）の流れを一覧表示するモードです。ざっくり編集に便利です。

ストーリーボードビュー

[使い方]

[ここにビデオクリップをドラッグ] と書かれている箇所に動画や画像を「ドラッグ＆ドロップ」していきます。また、そのクリップの間にトランジション（切り替え効果）を「ドラッグ＆ドロップ」します。

動画や画像を「ドラッグ＆ドロップ」、間にトランジションを「ドラッグ＆ドロップ」

● タイムラインビュー

「文字」や「音楽」を載せたり、「動画」や「画像」を重ねる「ピクチャ・イン・ピクチャ」を行なうなど、細かな編集ができるモードです。

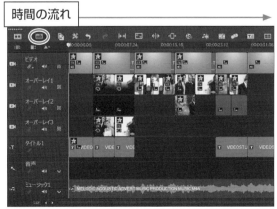

タイムラインビュー

3.5 　動画を「カット」して不要な箇所を削除

　撮影した動画のファイルに変なものが写っていたり、尺が無駄に長いときに、必要な部分だけに編集することを「カット編集」と言います。

　ハサミでフィルムを切るように、カットして削除しましょう。

＊

■「トリム」マークでカットする

[1] 動画の最初に不要な時間があったとします。

[2] タイムラインで動画を選択し、「プレビュー」画面のモードが「Clip」になっているのを確認します。

青い方が選択されている →

[3] 必要な部分まで「ジョグ・スライダー」を動かし、[マークイン] ボタンをクリック。時間の微調整はトリムマーク　　を左右に動かして行なうこともできます。

必要な部分まで「ジョグ・スライダー」を動かす　　　　　[マークイン] ボタンをクリック

[4] 同様に動画後半の「不要な部分との境目」まで「ジョグスライダー」を動かし、[マークアウト] ボタンをクリック。トリムマークを動かしてもいいでしょう。

[マークアウト] ボタンをクリック

■ ハサミで分割する

　動画の「端」ではなく、「中心部」や「複数個所削除したい場合」は、カット編集を行ないましょう。

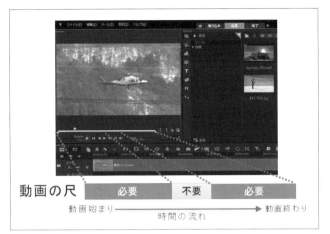

　「カット編集」には二通りあります。

> ・**方法1**：ハサミマークをクリックしてカット
> ・**方法2**：[ビデオの複数カット] でカット

[1] タイムライン上の動画を選択、分割したい場所までジョグスライダーを動かし、ハサミボタンをクリック。

　タイムライン上でクリップ（動画など）を選択しているときはオレンジ色の枠がつきます。

[2] 後半の分割したい場所までジョグスライダーを動かし、カットすると、タイムラインでは3つのクリップに分かれています。

3つのクリップに
分かれている

[3] 不要な部分の上で右クリックして「削除」を選択します。

※ キーボードの [Delete キー] を押しても削除できます。

削除を選択

■ ビデオの複数カットでカットする

[1] 動画をタイムラインで選択し、ダブルクリック。
「オプションパネル」から [ビデオの複数カット] をクリック。

[2] (a) マウスのスクロールローラーを動かすか、(b) プレビュー画面下のコントローラーを左右にドラッグすることで、映像を「進める」「戻す」ことができます。

最小1フレーム単位で確認しながら、イン・アウト【 】設定ができます。

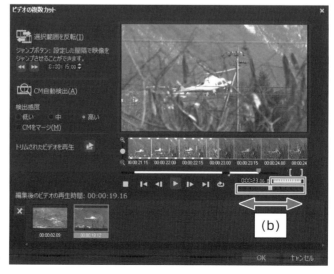

ビデオの複数カット

第4章

「360度カメラ」で撮影したデータを編集

　「360度カメラ」で撮影したデータを編集するには、普通の編集方法とは少し違ったコツが必要です。

　そのコツを掴めば、普通の動画のファイルのように、編集したり保存したりできます。

＊

　そこで本章では、「360度カメラ」で撮影した動画を編集する際の、コツを解説します。

4.1 「360度プレビュー」を ON にする

そのままの映像では、歪んでいるため、見づらく、編集もしづらいです。

*

ここでは、「基本的な編集スタイル」を解説します。

[1]「360度ビデオ」で撮影した動画を「タイムライン」に載せます。

動画を「タイムライン」に

[2]「プレビュー」画面下の[360度プレビュー]をクリック。
「プレビュー」画面をドラッグして、見たい方向に移動させます。

「プレビュー」画面

[3]「通常の動画のファイル」と同じように、「カッティング編集」をしていきます。

<h2>4.2　「テキスト」を「360度」に変換する</h2>

テキストをそのまま載せても、歪んでいるだけで、「360度映像」にはミスマッチです。
そこでテキストを、「360度映像用」に変換しましょう。

[1] テキストを入力します。編集ワークスペースでTマークをクリック。

メディアパレット中に使いたいデザインやアニメーションがあれば、それをタイムラインに
ドラッグ＆ドロップします。

シンプルなテキストがいい場合は、プレビュー画面をダブルクリックして文字を入力してい
きます。

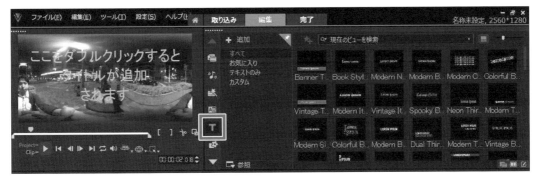

テキストを入力

[2] 今回はシンプルなテキストを入力しました。

タイムラインにテキストの表示時間がクリップとして表示されているので、再生のタイミングなどを調整します。

テキストの表示時間はオプションパネルで数値入力することも可能です。

[3] テキストの上で右クリックし、「360度ビデオ>標準から360度ビデオに変換」を選択。

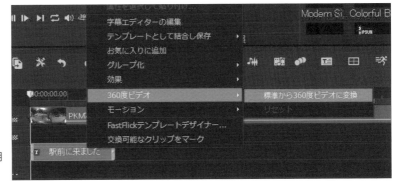

文字を360度ビデオ用に変換

4.3 画像を「360度」に変換して「地面」を隠す

地面を画像で隠すだけではなく、地面で回転するイラストを配置してみましょう。

[1]「オーバーレイ」トラックに画像を載せます。

「オーバーレイ」トラックに画像をのせる

[2]「オプション」パネルを表示し、[一時停止の前に回転]と[一時停止の後に回転]をクリック。

「プレビュー画面」下の「一時停止」の「トリムマーク」は、真ん中で閉じるようにします。

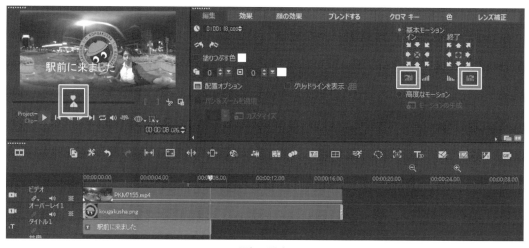

回転の設定

[3] タイムラインの画像の上で右クリックし、「360度ビデオ>標準から360度ビデオに変換」を選択。

[4] 「チルト」を −75、「視界」を 140 に設定します。

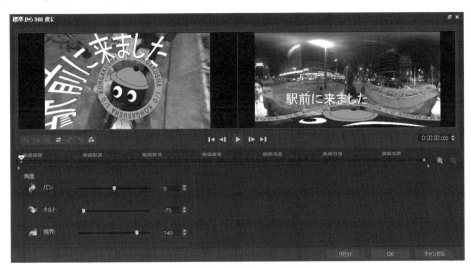

[標準から 360 度に] を選択

[5] タイムラインの左端のキーフレーム（◇）を右クリックし「すべてにコピーアンドペースト」をクリック。

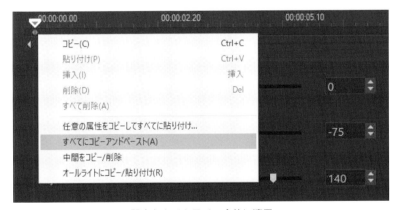

設定をタイムライン全体に適用

[6] OK をクリックすれば、地面で画像がグルグル回転している動画が出来ました。

完成

4.4　360度動画として保存しよう

「VideoStudio」では360度映像のファイルとして保存して、パソコンで見ることができます。

---

[1]「完了」ワークスペースのコンピューターをクリック。「MPEG-4」をクリック。

「MPEG-4」を選択

[2] プロファイルから「MPEG4　AVC 360」のいずれかを選択し、「開始」をクリック。

数字が大きいプロファイルは、その分綺麗な画質だがファイルが大きい

[3] 完成した動画ファイルは、「Windows10」以降に標準でインストールされている［映画＆テレビ］で再生したり、YouTubeにブラウザでアップロードすれば、VRゴーグルでも楽しむことができます。

　非公開でアップロードしてもいいでしょう。

第5章

編集テクニック

「動画編集」を実際に行なっていると、『もっとこうしたい』『編集のときの作業を楽にしたい』など要望が出てくると思います。

「VideoStudio」は発売されてから長い間ユーザーに使われている中で、いろんな便利な機能が搭載されています。

＊

そこで本章では、動画編集をする上で、知っておくといいテクニックや使い方を解説します。

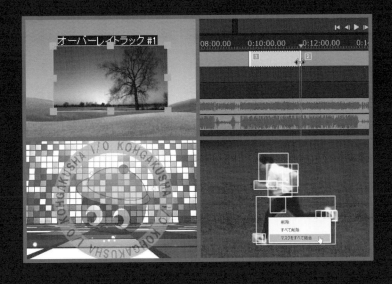

5.1　「モザイク」をかけよう

映像に映っている被写体の不要な部分を完全に消してしまうと不自然だという場合、モザイクでボカすことで映像を活用できます。

「モザイク」を適用する方法は、大きく分けて4通りです。

① [モーション・トラッキング] で自動的につける。
② 動画マスクを作成して適用する。（Ultimate だとマスククリエーターが利用可能）
③ [ピクセレータ] フィルタを適用して、自分で動かす（「Ultimate」のみ）
④ [Selective Focus] フィルタを適用し、周りをボカす（「Ultimate」のみ）

共通として、モザイクをかけたい箇所をあらかじめカットしておきましょう。
今回は例として電車の顔にモザイクをかけます。

カット編集しておく

！ Point

モザイクなどのフィルタを適用するためにカットして「削除しない」場合、カット位置を調整する場合は、カットをやり直すよりも「ロール」ツールを使ってカット位置を調整すると楽にタイミングを直すことができます。

■「モーション・トラッキング」で適用する

「モーション・トラック」とは、特定の画像を追ってモザイクをかけたりテキストを自動で動かせる機能です。

[1] モザイクをかけたい動画を選択し [モーション・トラッキング] をクリック。

[モーション・トラッキング] をクリック

[2]「モーション・トラッキング」が表示されました。

今回はサイズが変わっていく動画なので、トラッカーのタイプを「マルチポイント」を選択し、モザイクをオンにしました。

4つの赤いポイントが表示されるので、モザイクを掛けたい4隅に動かします。

モザイクを掛けたい場所まで、ポイントを動かす

[3] [モーション・トラッキング] をクリックすると、自動で赤いポイントが動き、青い軌道が描かれていきます。

[モーション・トラッキング] をクリック

[4] 軌道が表示されない場合は、[トラッキングパスを表示] をクリック。

[トラッキングパスを表示] をクリック

[5]「モーション・トラック」は、色で認識しているため、障害物などが手前に映ってしまって色が確認できなくなると、動きがおかしくなります。

　タイムラインで認識がおかしくなった箇所に戻り、ポイントを直して「モーション・トラッキング」を再度クリックして適用し直すと軌道が修正できます。

タイムラインでおかしくなったところまで戻り、ポイントを再設定

■ ビデオマスクで適用する

　VideoStudio は静止画だけでなく動画で映像を切り抜く「ビデオマスク」機能があります。モノクロの画像を作成することで、よりきれいに切り抜くことが可能です。

[1] メディアパレットからベタ色を「オーバーレイ・トラック」に載せ、時間を合わせます。

ベタ色を重ねる

[2] ベタ色の上で右クリックし、「モーション」から「モーションの生成」を選択します。

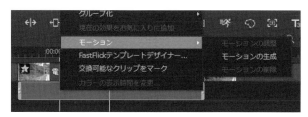

モーションの生成

[3] モーションの生成画面です。

　不透明度を「30」にし、モザイクを開始したい位置に図形をもっていきます。サイズを小さくしたうえで、緑色の4角の点をドラッグして変形させます。

不透明度を設定したほうが見やすい

[4] タイムラインの右端のキーフレーム（◇）をクリックし、プレビュー画面上の四角の位置や形を変更させ、パラメーターの不透明度を30にします。

不透明度を設定したほうが見やすい

[5] タイムラインの中間で確認すると、大きくズレているのが分かります。

サイズや位置を調整します。キーフレーム（◇）は自動で作成されます。

サイズや位置を調整する

[6] 中間地点でタイムラインを動かしてサイズ調整、を繰り返していきます。

プレビュー再生したときに隠したい箇所に色があるように、細かくサイズや位置を調整していく

[7] タイムラインの一番左端を選択し、不透明度を 100 に戻します。

戻したら、キーフレーム（◇）の上で右クリックし、「コピー」を選択。もう一度右クリックし、「任意の属性をコピーしてすべてに貼り付け」を選択します。

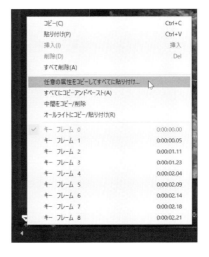

[8]「すべて」のチェックを外し、「不透明度」だけにチェックが入っている状態でOKをクリック。

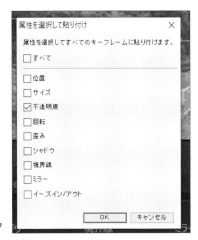

不透明度にチェック

[9] モーションの生成も[OK]をクリック。

[10] オプションパネルで、かぶせていた色を「白」に変えます。

[11] プロジェクトファイルを念のため保存。

　メイントラックの動画をすべて削除し、白い画像だけをいちばん左端にもっていきます。

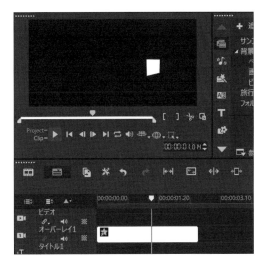

[12]「完了」ワークスペースでMP4などの動画ファイルに出力。

[13]「戻る」を押して、動画を削除する前の状態に戻すか、先ほどバックアップを取ったプロジェクトを開き直します。

　白い図形を削除し、モザイクをかけたい箇所のクリップをコピーして「オーバーレイ・トラック」に重ねます。

[14] フィルタのモザイクをオーバーレイ・トラックの映像に適用します。

「オーバーレイ・トラック」のみフィルタを適用

[15] オーバーレイの動画をダブルクリックし、オプションパネルの「ブレンドする」タブの中の「艶消しモード」から「ビデオマスク」を選択します。

ビデオマスクを選択

[16] +ボタン（マスク種目のインポート）をクリックして、先ほどの動画を読み込みます。

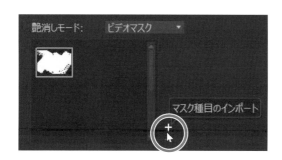

[17] モザイクが適用できました。

動画の一部にモザイクを適用できた

⚠ Point

「Ultimate版」に搭載されている「マスククリエーター」では、ペイントブラシを使ったり、オブジェクトを使ったビデオマスクを簡単に作成できます。（80ページで紹介）
境界線をボカす「羽毛機能」などもあります。

マスククリエーター

■ [ピクセレータ]でモザイクを追加する（Ultimate版のみ）

「ピクセレータ」フィルタを使えば、より手軽にモザイクを適用できます。

[1] [FX]をクリック、[NewBlue Essentials]の中にある[ピクセレータ]を動画に適用します。

[ピクセレータ]を動画に適用

[2] タイムライン上の動画を選択し、「星のマーク」をクリック、「フィルタ」にカーソルを合わせ、「ピクセレータ」をクリック。

フィルタの設定変更はタイムラインからもできる

[3] ピクセレータが表示されました。
　プレビュー画面下の「カーソルをクリップの始点に配置」をクリック。

[4] 画面左上の [センター] のポイントを動かして位置を調整し、「幅」「高さ」なども合わせます。

[5] 画面上部の [キーフレームを使用] にチェックを入れ、「カーソルをクリップの終点に配置」をクリックしてから、また位置やサイズを調整します。

モザイクの最後の形を設定する

※「フレームアウト」（被写体が映像の外に消えていく場合）は、「高さ」か「幅」が「0」に近くなるでしょう。

[6] タイムラインを動かし、いちばん大きく表示されるところで、位置やサイズを調整。

数値を変更すると「キーフレーム」が自動で設定されます。

[7] キーフレームの中間をプレビュー画面で確認して微調整、を数回行ない、モザイクが適用できました。

「スライダー」を、モザイクをかけたい場所に移動

■ [選択フォーカス] フィルタで周りをボカす (Ultimate 版のみ)

　「選択フォーカス」フィルタを使えば、特定の場所をボカしたり、特定の場所以外をボカすことができます。

[1] [FX] をクリック、[NewBlue Essentials] をクリックし、[選択フォーカス] を動画に適用。

[2] タイムライン上の動画の星マークをクリックし、「フィルタ」にカーソルを合わせ「選択フォーカス」をクリック。

[3] プレビュー画面下の「カーソルをクリップの始点に配置」をクリック。
「形状」の４つのポイントを動かして、ボカしたくないものを囲います。

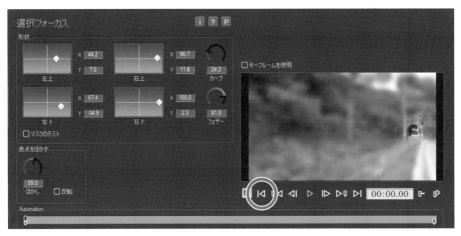

ボカしたくない箇所を囲っていく

[4] 画面上部の [キーフレームを使用] にチェックを入れ、「カーソルをクリップの終点に配置」をクリックしてから、また位置やサイズを調整。

　オブジェクトが消える場所まで、「形状」の４つのポイントを動かします。
　今回は列車が左側に消えていくので、形状の点もすべて左側に設定しました。

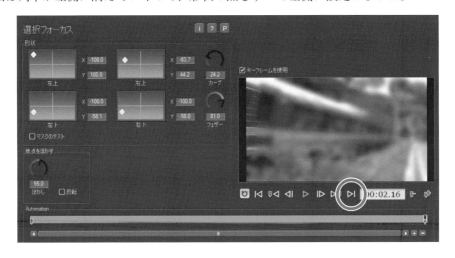

[5] タイムラインで、被写体がいちばん大きくなるタイミングまでスライダーを動かし、「形状」の4つのポイントを調整します。

被写体がいちばん大きくなるタイミング

[6] タイムラインを動かして確認し、フレームアウトしていたら形状の位置を調整して、フレームアウトしないように設定ができれば完了です。

!Point

[焦点をぼかす]のチェックが入った状態で作業を行なうと、ボカシを反転することが可能です。下の画像では、反転して列車がボケました。

5.2	音声からテキストを入力する

　しゃべっている動画からテキストを起こすのはとても大変です。「音声テキスト変換」を使って、自動でしゃべっている声を文字にしましょう。

[1] タイムラインの動画を選択し [音声テキスト変換] をクリック。

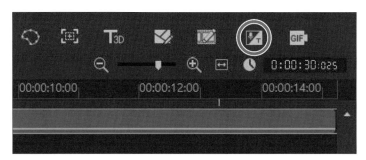

音声テキスト変換

[2] 開始をクリック。

　フォントデザインや縦書きなどの設定をしておきたい場合は、左下の「テキストオプション」をクリック。

開始をクリック

[3] 自動でテキストが入力されました。

　辞書に載っていない言葉や誤認識の部分を訂正しましょう。

実況などのテキスト入力がとても楽になった

5.3 「GIF動画」を作成して、映像を繰り返し使う

動画の一部分を「GIF動画」に保存できます。ループ素材としても利用できます。

[1] 動画を選択して [GIF クリエーター] をクリック。

[2] プレビュー画面のオレンジ色の枠を調節することで、画面から好きな部分を切り取ることができます。

　また、タイムラインでは、ループにしたい時間を指定します。速度なども設定して、「出力」をクリック。

GIF クリエーター

[3] タイムラインに「GIF動画」を載せ、表示時間を伸ばすと、そのぶんループ。

ループ

第5章　編集テクニック

5.4　公式の素材・エフェクトをダウンロードする

編集に使える背景などの素材や、DVDのメニューなどがダウンロードできます。
また、「Ultimate版」の映像プラグインの一部は、任意でダウンロードする必要があります。

[1] 取り込みの隣のホームボタンをクリック。

左のメニューから「ストア」をクリック。

有料コンテンツを増やすこともできますが、まずは無料のものをチェックしましょう。

右側のフィルタで無料にチェックを入れる

[2] 気になったものをクリックし、「ダウンロード」をクリック。

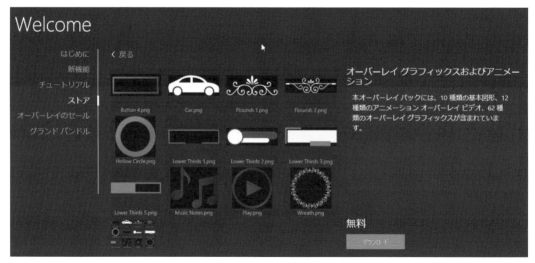

ダウンロードをクリック

! Point

この書籍にも練習用の素材や編集に使えるグラフィック・テンプレート、追加のPDFマニュアルがダウンロードできます！詳しくはp.6参照

5.5 属性の「コピー」「貼り付け」をマスターしよう

「映像」「画像」「文字」などに行なっている設定（色やフィルタ、フォントなど）を VideoStudioでは「属性」と呼んでいます。

この属性をコピーし、他のクリップに貼り付けることで、同じ操作をしなくて済み、作業効率がグンと良くなります。

[1] 今回は例として、街頭モニターの画像にクリップをハメ込みます。

ハメ込みを行なう場合はサイズや位置、変形などを行なうことになる

[2] メイントラックに背景画像、オーバーレイ・トラックに変形させたいクリップを載せます。

[3] クリップの四隅にある緑色のハンドルをドラッグして、背景に合わせます。

マウスでドラッグして形を整えた

[4] タイムラインのクリップの上で右クリックし「属性をコピー」をクリック。

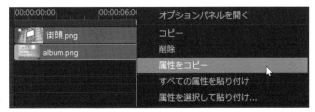

属性をコピー

[5] 同じ形や色などの設定にしたいクリップをタイムラインに載せ、右クリックして「すべて
の属性を貼り付け」か「属性を選択して貼り付け」をクリック。

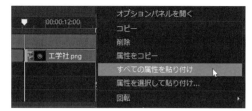

[すべての属性を張り付け] を選択

[6]「属性を選択して貼り付け」を選ぶと、1つの属性（フィルタ、位置情報、色だけ、など）
が適用できます。
　「すべて」のチェックを外し、必要なものだけをチェックして OK をクリック。

　貼り付けできる属性は、「動画」、「画像」、「テキスト」、「音声」、それぞれで若干違います。

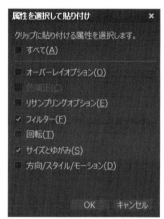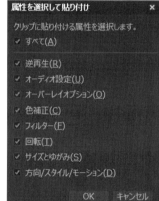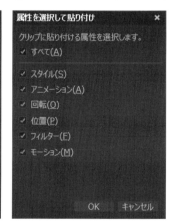

画像／動画／テキストの、属性を選択して貼り付けの画面

[7] 同時に複数のクリップに属性を貼り付けたい場合は、貼り付けたいクリップを複数選択し
て一括適用できます。
　いちばん左端のクリップをクリックして選択、右端のクリップをキーボードの「Shift キー
＋クリック」。

複数選択

5.6　同じ「映像」「テキスト」を繰り返す

同じ素材を「使いまわし」したいときの方法を紹介します。

[1]「動画」「画像」「音楽」「テキスト」など、複製したいものを選択。

複製したいものを選択

[2] [編集] から [コピー] を選択。
　またはキーボードの「Ctrl」キーを押しながら「C」を押します。

コピーする

[3] タイムライン上に貼り付けられる状態になるので、そのまま好きな位置にクリック。

好きな位置にクリック

[4] 複製が出来ました。

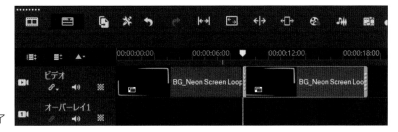

複製完了

[5] 複数選択してからコピーを行なうと、一度に多くのクリップを複製できます。
　いちばん左端のクリップをクリック、いちばん右端のクリップを「Shift キー＋クリック」すると、「複数選択」ができるので、大量の複製が可能です。

大量の複製が可能

5.7	よく使う「動画」「画像」「音楽」「テキスト」を整理する

　作品を多く作っていくと、よく使うデザインのテキストだったり、よく使う素材が出てきます。

　以下で、"「VideoStudio」上で管理する方法"を紹介します。

![!] Point

元データの整理をした上で行なうと、よりキレイに管理することが可能です。

■ 動画・画像・音楽の場合

　「動画」「画像」「音声」は、3-4 も参照してください。

　編集でよく使いたいと思った素材や設定されてるクリップを、「ライブラリ」パネルにドラッグ＆ドロップします。

ドラッグ＆ドロップ

■ 「テキスト・デザイン」の場合

　テキストを選択し、[お気に入りに追加]ボタンをクリックします。

　　※ 見付からない場合は、タイムライン上で右クリックし、[お気に入りに追加]を選択しても登録できます。

　登録したテキストデザインは、「お気に入り」カテゴリに入っているので、タイムラインにドラッグ＆ドロップして利用します。

[お気に入りに追加]を選択

■「トランジション」の場合

[1]（A）「設定変更したトランジション」や、「よく使うトランジション」を選択し、[お気に入りに追加]ボタンをクリックするか、（B）右クリック「お気に入りに追加」を選択します。

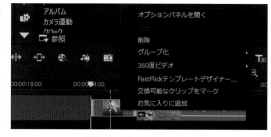

(A)「ライブラリ」パネルの場合　　　　　(B) タイムラインの場合

[2]「トランジション」のパネルの「三角マーク」をクリックし、「お気に入り」を選択すると、自分が設定したものだけが表示されます。

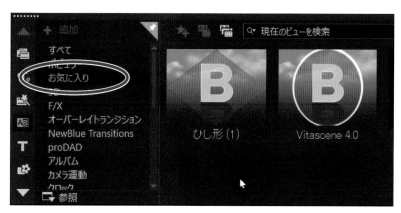

「お気に入り」を選択

！Point ライブラリの保存・初期化・読み込みを活用しよう！

　動画編集が終わった後、編集に使ったデータを整理や移動させると、ファイルが見つからない「リンク切れ」状態のアイコンが増えてしまいます。そういったときは「設定 → ライブラリマネージャー → ライブラリの初期化」をしましょう。

　メディアパレットによく使う素材を登録してベストな状態が完成したら「ライブラリマネージャー → ライブラリの出力」を使って、キープしておくことができます。

　読み込む際は「ライブラリの取り込み」を選択します。

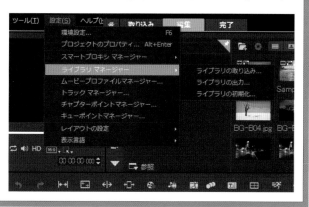

5.8　「トランジション」をカスタマイズしてみる

　「トランジション」は切り替え映像効果のことです。「アニメーション」の方向を変えたり、「マスク」を変更して、こだわりを表現できるものがあります。一部を紹介します

[1] タイムラインにあるクリップの間にドラッグ＆ドロップして適用します。

　タイムライン上のトランジションをダブルクリックするとオプションパネルに設定が表示されます。

トランジションを適用

[2]「プッシュ」カテゴリのフィルタは方向が設定できます。

サイドプッシュ

[3]「マスク」カテゴリのフィルタは、「カスタマイズ」をクリックすると詳細の設定やマスクで使う画像を変更できます。

マスク A

[4] Ultimate 版のみの「Vitascene」や「Adorage」は、他のトランジションに比べてもかなりのカスタマイズ性があります。

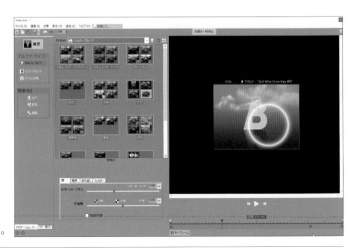

Vitascene。マスクの開始位置の調整もできる。グリッター（キラキラ）も搭載。

| 5.9 | 複数の「動画」や「画像」を並べて表示する |

最大50枚の「動画」や「画像」を同時に表示できる、「オーバーレイ」の機能と「分割画面」を紹介します。

[1] 編集中に1トラックずつ増やしたい場合は、「タイムライン」の左側で右クリックし、「トラックを上に挿入」または「トラックを下に挿入」を選択。

一度に複数のトラックを作成したい場合は「トラックマネージャー」で作成ができます。

トラックを挿入

[2]「オーバーレイ・トラック」が増えました。

動画を2つきれいに並べたい場合は、タイムラインの動画を選択し、プレビュー画面上で右クリック「中央に固定」を選択して「右揃え」または「左揃え」を適用。

同様の操作で4分割の映像を作る場合は、プレビュー画面上で右クリックし、それぞれ、

・上に固定 → 左揃え ・上に固定 → 右揃え
・下に固定 → 左揃え ・下に固定 → 右揃え

を選択していくと、キレイな「4分割映像」を作ることができます。

※ ただしプロジェクトと同じ「サイズ」「縦横比」の映像の場合。「16:9」のプロジェクトに「4:3」の映像の場合などは、ズレが生じるので、一度変換し保存してから使うといいでしょう。

[3]「トラックマネージャー」を使うことで、一括で複数のトラックを増やしたり減らしたりできます。

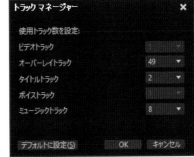

トラックマネージャー

[4] また、「プレビュー画面」上でドラッグしている際に、赤い「ガイドライン」が表示され、キレイに吸着します。

　動画や画像、テキストをぴったりくっつけたり、同じ「高さ」「幅」に配置したり、整列するなどがとても楽にできます。

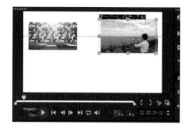  

吸着

[5] 分割画面は漫画のコマ割りのような機能です。

　テンプレートから分割画面をタイムラインにドラッグ＆ドロップ。

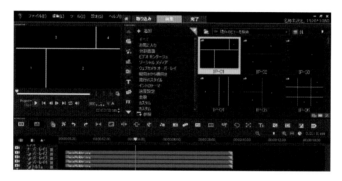

[6] [置換モードをONにしますか？] と表示されるので [はい] をクリック。

[7] メディアライブラリからタイムラインの各ソースにドラッグ＆ドロップすると、枠の中に画像や動画が収まっていきます。

　枠の中の画像や動画の位置もプレビュー画面で調整できます。

　置換モードはタイムラインの上ストーリーボードビューアイコンの右となりのアイコン  をクリック。

5.10 映像を「合成」する（クロマキー合成）

　動画編集では、映像や画像を重ねる際に、特定の色を透明にして「合成」（クロマキー合成）ができます。

　ここでは、いくつかの「合成方法」を紹介します。

[1] まず合成する映像を用意。

　撮影する際には、背景を「グリーンバック」「ブルーバック」などの専用のシートで設営しておくと、よりキレイに合成できます。

専用シート

⚠ Point

- 背景の色が「青」や「緑」がよく使われるのは、人の肌が「オレンジ」であり、それの補色だからです。また、「白」だと「影」が出来てしまい、「黒」だと「髪の毛」や「服の色」にかぶりやすいです。
- 「模造紙」や「ブルーシート」だと、余計な「影」や「模様」が出来てしまい、キレイに合成ができない場合があります。
- 服の色と背景の色が同じにならないように気をつけましょう。
- 「ライティング」を調節して、「影」が出来ないようにしたほうがいいでしょう。

　「専用シート」は、個人で購入することもできますが、スタジオなどを借りるものいいでしょう。

[2] 合成したい映像を、「オーバーレイ」トラックに重ねます。

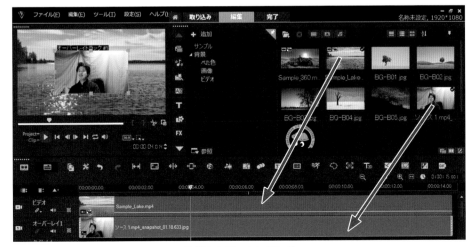

映像をトラックに重ねる

[3]「オーバーレイ」に載せた、合成したい映像を「プレビュー画面」上で右クリックし、「画面サイズに合わせる」をクリック。

　必要に応じて「アスペクト比を維持」も選択します。

　　　右クリックで選択　　　　　　　　　　　　画面サイズに合わせた

[4] タイムラインの動画をダブルクリックし、オプションパネルから [クロマ キー] タブの [クロマ キー] にクリックしてチェックを入れます。

[5] 自動で色が設定されますが、「近似」のスポイトで透明にしたい箇所をクリックすると、その色が透明として処理され、キレイな合成ができます。

5.11 映像を写真のように「トリミング」（ズーム、クロップモード）

　動画編集で「トリミングする」と言うと、「映像の尺の調整」のことを指しますが、「写真の
トリミング」は「外側の不要な箇所をカットする」という意味で使われます。
　ここでは、動画編集でも、写真のように「外側の不要な箇所をカットする」方法を紹介します。

カットする方法は大きく分けて5種類

① 「パンとズーム」で、全体的に大きくしてカットする
② 「クロップモード」を使う
③ 「クロップフィルタ」を使う
④ モーションの生成

■「パンとズーム」でカットする

　「動画」「画像」を選択して [パン / ズーム] をクリック。

[パン / ズーム] をクリック

　[パンとズーム] には、3種類の編集モードがあります。

① 「アニメーション」…カメラを動かすようにズームの場所を移動させる
② 「オンザフライ」…プレビュー画面で再生しながら、ズーム箇所をドラッグして変更
③ 「静止」…ズームした状態を固定しておく場合

パンとズーム

① アニメーションモード

　タイムラインのスライダーを始点（左端）に動かします。「サイズ」「位置」「ズーム比率」を変更するには、（A）左側のオリジナル画面に表示されている「枠」をマウスでドラッグするか（B）右下の各項目の数値を変更します。

「サイズ」や「位置」「ズーム比率」を変更

[1] タイムラインの終点（右端）までスライダーを動かし、同様に「サイズ」「位置」などを変更。

「サイズ」や「位置」などを変更

[2] 曲線的に動かしたい場合は、（A）タイムライン上でダブルクリックするか（B）「キーフレームを追加」をクリックし、「キーフレーム」（◆）を作り、左側のオリジナル画面上の中心点をドラッグして、任意の形に変形します。

② オンザフライ

「オリジナル・ウィンドウ」と「プレビュー・ウィンドウ」の中心にある「再生」ボタンをクリック。

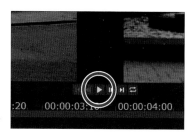

「再生」ボタンをクリック

[1] 「オリジナル・ウィンドウ」の枠を動かすと、自動的に「位置」や「サイズ」が記録され、タイムライン上に多数の「キーフレーム」が設定されていきます。

編集モードを「アニメーション」に切り替えると、どのように動かしていたか確認できます。

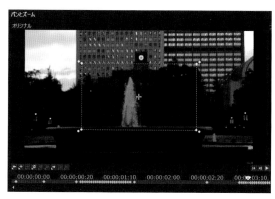
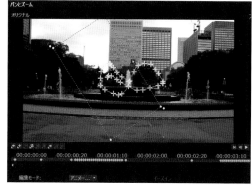

「キーフレーム」が自動設定

[2] また『オンザフライ』の場合、「プリセットサイズ」を変更でき、一定のサイズで映像を切り出すことができます。

「4K映像」から「HDサイズ」を切り出したり、「DVDサイズ」を切り出す際、キレイにできます。

```
1080…1920x1080(フルハイビジョン)
720…1280x720 (ハイビジョン)
480…720x480 (DVDサイズ)
```

「プリセットサイズ」を変更

③ 静止

同じ場所をずっとズームしておきたい、常に画面端に映ってしまった障害物をフレームアウトさせる場合など枠を動かさない場合に便利な機能です。

! Point

「位置」の四角をクリックすると、上下左右など端や中心に枠を移動させることができます。

■「クロップモード」を使う

[1]「オーバーレイ」トラックの映像を選択し、プレビュー画面下にある「クロップモード」をクリック。

※ タイムラインの動画の上で右クリックし「クロップモード」を選択しても設定できます。

[クロップモード] に切り替える

[2]「プレビュー画面」の「オーバーレイ・クリップ」の周りにあるオレンジ色の枠をマウスでドラッグしてサイズを調整。

オレンジ色の枠を小さくするように動かす

[3] 変更が終わったら、[スケールモード]を選択して設定を戻します。

※ タイムラインの動画の上で右クリックし「クロップモード」を選択しても設定できます。

[スケールモード] に切り替える

[4] このクロップを使うことで、定点で撮影した映像の半分を隠して、一人で二人映っているかのような、ダンス映像のようなものが簡単に作成できます。

クロップを活用

■ [クロップフィルタ]を使う

[クロップフィルタ]を使うと、クロップしている場所やサイズをアニメーションで動かすことができます。

[1] [FX] から 2D マッピングをクリック、[クロップ]を「オーバーレイ・トラック」に載せた動画に適用します。

「クロップ」を適用

[2]「オーバーレイ」トラックにある動画の星マークをクリックし、[フィルタ]から[クロップ]をクリック。

[3] オリジナルウィンドウに表示された枠を、表示したい場所にドラッグ。

「幅」や「高さ」を「数値」(%) で入力します。

「幅」や「高さ」を「数値」(%) で入力

[4] タイムラインのスライダーを動かし、(A) タイムラインをダブルクリックするか、(B) 右クリックして挿入をクリック。

それから「サイズ」や「位置」を変更します。

! Point

　一度設定したキーフレーム（サイズや位置）と同じ設定にしたい場合は、複製したい「キーフレーム◆」を選択し、ショートカットキー（Ctrl + C）でコピーして、別の「キーフレーム◆」を選択して（Ctrl + V）で貼り付けます。

[5] OK を押しクロップフィルタを閉じたら、再度タイムラインの動画をダブルクリック。

[ブレンドする]タブをクリックし、「艶消しモード」で「フレームをマスク」に選択し、真四角を選択します。

まっしろなマスクを適用

5.12 映像をハートマークのような好きな形で切り取る（マスク）

マスク機能を使って、映像や写真を様々な形に変えることができます。

■「マスク」を設定する

[1]「オーバーレイ・トラック」に動画を載せ、ダブルクリックするか右クリックから［オプションパネル］を表示。

　［ブレンドする］タブの［艶消しモード］で「フレームをマスク」を選択し、任意の形を選択します。

フレームをマスク

[2] 自作のマスク（モノクロの画像、白が映る範囲）を用意し、マスク一覧の枠外にある追加ボタン「＋」をクリックして読み込ませることができます。

[3] 艶消しモードで「ビデオでマスク」を選択すると、動画をマスクとして適用できます。

　　　　　※ ビデオマスクの作り方、適用の方法は「5-1 モザイク」を参考。

[4] テキストをマスクにすることもできます。テキストの上で右クリックし、効果からそれぞれらびます。動きのないテキストは「このフレームをPNGに変換」、動きのあるテキストは「アニメーションに変換」を選択します。

　アニメーションに変換すると、「Uisx ファイル」が作成されるので、ビデオマスクとして適用します。

5.13 ｜ ［マスククリエーター］で「マスク」を自作（Ultimate 限定）

　「物体」や「人」に沿って「マスク」を作り、映像をくり抜きたい場合は、「Ultimate」に搭載されている「マスククリエーター」を利用します。

[1]「タイムライン」に動画を載せ、［マスククリエーター］をクリック。

［マスククリエーター］をクリック

[2]「マスキング・ツール」のブラシを使って、被写体を塗っていきます。

　や　など、「眼鏡」がついているものは、色の境界を判定して、キレイにくり抜きやすくなります。

　細かい設定をしたい場合は、プレビュー画面の縦向きのスライダーで拡大し、その右側にある全体プレビューの枠を動かすことでズーム位置を変更できます。

「マスキング・ツール」を使う

[3]［羽毛］にチェックを入れると、マスクの境界線にフェードがかかり、より自然な合成結果になりやすいです。

羽毛

［4］「選択ツール」でマスクを作った部分をドラッグして囲うと、ブラシを動かした分だけオブジェクトが出来上がっているのが分かります。

　右クリックして「マスクをすべて結合」を選択します。

「選択ツール」で、マスクを囲ったり
他のフレームにコピーする

［5］物体の形が変わらず、マスクをただ移動させるだけであれば、「選択ツール」でマスクを選択後、タイムラインで任意の時間の場所でマスクを動かしたり「キーフレーム設定」でサイズや位置、回転をさせることができます。

［6］人や、迫ってくる物体のような、形が変わる場合、「モーション検出」で自動作成してから微調整する方法や、マスクをコピーし貼り付ける方法があります。

> **! Point** ダンスのような動きの多いものは、「グリーンバック」「ブルーバック」で撮影して「クロマキー合成」したほうが楽です。

5.14　映像を「右から左」「下から上」に動かす（基本モーション）

基本モーションを使って、次のようなアニメーションを簡単に設定しましょう。

- ・「イン」（どの方向から映像が入ってくるか）
- ・「アウト」（どの方向に映像が消えていくか）
- ・「インする時に回転」
- ・「アウトする時に回転」
- ・「フェードイン」だんだん表示する
- ・「フェードアウト」だんだん消えていく

[1]（A）「オーバーレイ」に載せた画像や動画をダブルクリックするか、（B）右クリックし [オプションパネルを開く] をクリック。

[基本モーション] を設定

[2] プレビュー画面下のトリムマークは、モーションの一時停止のタイミングです。
　　真ん中でくっつけると、一時停止しません。

トリムマークを真ん中でくっつける

[3] 設定例を紹介します。

左から入って、右に消えていく

  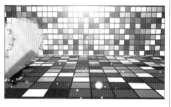

下から出てきて、上に消えていく

その場でフェードイン、フェードアウト

5.15　3ステップでフォトムービーを作る（Corel FastFlick）

初心者でも手軽にムービーが作れる「Corel FastFlick 2022」が付属しています。
ここでは、3ステップでの作品の作成方法を紹介します。

---

[1] Windows のスタートから探すか、VideoStudio の「ツール」から「Fast Flick」を選択して起動。

[2] [1・テンプレートを選択] で、右側のテンプレート一覧から使いたいデザインを選び、[2・メディアの追加] をクリック。

使いたいデザインを選ぶ

[3] 画面右側のプラスボタン「メディアの追加」ボタンをクリック。

※ この右側のエリアに写真や動画をドラッグ＆ドロップしても追加ができます。

「メディアの追加」ボタンをクリック

[4] 使いたい写真や動画を選択し、「開く」をクリック。

使いたい写真や動画を選択

[5] 素材が入ると、「プレビュー画面」下のボタン2つに色がつきます。

「紫色のライン」が表示されている部分にスライダーを動かし、表示されているテキストをダブルクリックすると、「タイトル」（文字）を変更できます。

※「音符のマーク」を押してもオプションパネルが表示され、「ミュージックオプション」で音楽を追加したり変更できます。

「タイトル」（文字）を変更

[6] 「3・保存して共有する」をクリックし、右側で形式を選択してからプレビュー画面下の「ムービーを保存」をクリック動画のファイルとして保存。

※「VideoStudio で編集」をクリックすると、より細かい調整が可能です。

5.16 プロが用意したテンプレートを使った作品作り

　VideoStudio には、手軽におしゃれやかっこいい作品を作る「テンプレート機能」があります。テンプレートを使って、作品のワンポイントにしてみましょう。

[1] [テンプレート] をクリック。

　色んな種類のテンプレートがあるので、一部を紹介します。

・分割画面
(数字がある箇所に映像をハメ込むことができます)

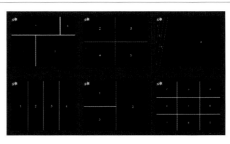

・ビデオモンタージュ
(映像の最初に使えそうな、タイトル付きの華やかなもの)

・ソーシャルメディア
(縦型の動画や SNS で映えるテンプレート)

・ウェブカメラオーバーレイ
動画の上にウェブカメラの映像を載せるようなテンプレート

[2] 使いたいテンプレートを「タイムライン」にドラッグ＆ドロップ。

すると、自動で「オーバーレイ・トラック」や「ミュージック・トラック」にファイルが展開されます。

テンプレートを「タイムライン」に

[3] 展開する際「置換モードを有効にしますか？」とメッセージが出てくるので「はい」をクリック。

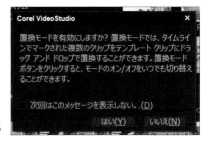

有効にする

[4] 数字の画像は、差し替える用の"ダミー"です。

「オーバーレイ・トラック」の上のクリップに写真などをドラッグ＆ドロップして入れかえます。

[写真] を選択

[5] 差し替える画像が複数ある場合は次のように入れ替えます。

「一括選択」※し、右クリックし、「クリップを置き換え」から「写真」を選択。

　　　※ 左端の、数字が書いてある画像をクリック。
　　　右端の数字が書いてある画像を、「Shift キー ＋ クリック」。

クリップを置き換え

[6] 画像を選択。

選択範囲で一気に選択できます。

選択したら、[開く]をクリック。

画像を選択

5.17 複数の画像の「表示時間」を一括で変更する

「スライドショー」やアニメーションを作る際に、タイムラインに大量においた画像の表示時間を一括変更する方法を紹介します。

[1] メイントラックに画像を載せます。画像しかタイムラインに載っていない状態なら、「全体選択」(Ctr＋A) で一括選択します。

他にもクリップがある場合は、表示時間を変更したい画像のうち、左端の画像をクリック、右端の画像を「Shift＋クリック」します。

両端の画像を選択

[2] 右クリックし「写真の表示時間を変更」をクリック。

「写真の表示時間を変更」をクリック

[3]「長さ」を設定します。

左から「時」「分」「秒」「フレーム」の数値を入力します。

※「スライドショー」なら（「トランジション」を考えて9秒程度）、アニメーションでパラパラ漫画のように表示するなら「1〜5フレーム」などでもいいでしょう。

この設定だと3秒（Second）表示される

作品の雰囲気を出すには、音楽は欠かせません。

ですが、YouTube や仕事、学校など他人に渡す動画の場合、市販の音楽は著作権の関係で利用が難しいです。

著作権フリーの作曲機能「オート・ミュージック」で曲を設定してみましょう。

---

[1] タイムラインのスライダーをいちばん左に戻し、タイムライン上部にある「オート・ミュージック」をクリック。

（「オート・ミュージック」は、スライダーがある箇所から最後のクリップがおわるところまで音楽を自動生成します。）

「オート・ミュージック」をクリック

[2] 「カテゴリ」「曲」「バージョン」を選択して、「選択した曲を再生」をクリックしてチェック。気に入った曲があれば「タイムラインに追加」をクリック。

「カテゴリ」「曲」「バージョン」を選択

[3] 曲が追加されました。

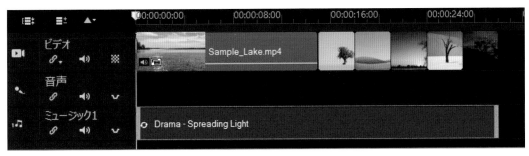

曲が追加された

5.19　色の調整をする（カラー・グレーディング）

撮影した動画の「色味」を調整したり、「明るさ」を調整してみましょう。

※ 画像は「VideoStudio Ultimate」です。「Pro」にはないボタンが表示されています。

---

[1] 色を調整したいクリップを選択し、ダブルクリックするか右クリックして「オプションパネルを開く」を選択します。

[2] [色] タブをクリックすると、「色相」や「コントラスト」などが調整できるスライダーが表示されました。

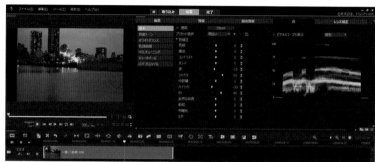

オプションパネルの色タブ

[3]「トーンの自動調整」にチェックを入れると、簡単に色の調整ができます。

また、「ホワイトバランス」にチェックを入れ、白だと思うところを「色を選択」ツールでクリックしても簡単に調整ができます。

「色温度設定」（「晴れ」「曇」「蛍光灯」など）をクリックしても適用できます。

自動トーン

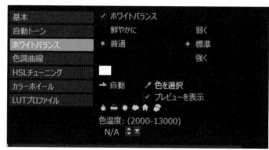

ホワイトバランス

[4]「Ultimate 版」だと LUT（LookUp Table）のプリセットが豊富に搭載されており、クリックするだけで色味を変更できます。

「LUT プロファイル」（.cube）の読み込みにも対応しています。

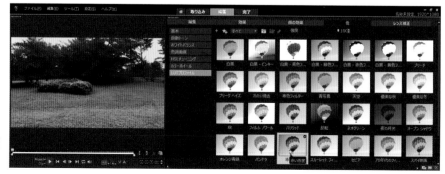

「LUT プロファイル」
の適用

[5]「Ultimate 版」では[色調曲線]で、「トーンカーブ」を使った色の調整が可能です。

「トーンカーブ」を使った色の調整

[6]「HSL チューニング」では、特定の色だけ「明度」「彩度」「色相」を変更できるので、「この色を強調したい」という設定が、楽にできます。

（a）スライダーを左右に動かすか、（b）「彩度を調節するには」のアイコンをクリックしてプレビュー画面で任意の色の上でクリックしたまま、左右にドラッグします。

「明度」「彩度」を変更

[7] また、「Ultimate」には[NewBlue カラーファースト]という「カラー・グレーディング用プラグイン」が搭載されています。

「プライマリ」でまず色を整えます。「ホワイトバランス」のスポイトもあり、「彩度」「明度」「ガンマ」などを調整できます。

「セカンダリ」ではその次の工程として、照度範囲の指定や、「マスク」などの設定ができます。

画面下にさまざまな色のプリセットがあるので、手軽に雰囲気をつけることができます。

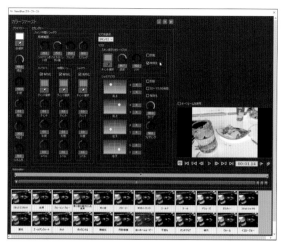

カラーファースト。OK ボタンが隠れているときは右側のスクロールを下に動かす

[8]「マスク」には、「スキンの保護（特定の色の保護）」と「形状マスク」があり、それぞれ「有効」にチェックを入れ、「マスクを表示」を変更して使います。
　一部分だけに効果を適用することが可能です。

5.20 「コマ撮り作品」「アニメーション」を作る

　「Web カメラ」や「一眼レフカメラ」を使って、「ストップモーション」（コマ撮り作品）を撮影したり、イラストを書いたものを「アニメーション」の 1 つのファイルとして編集できる方法を紹介します。

[1] タイムライン上部の「取り込みオプション」をクリックし、「ストップモーション」をクリック。

「ストップモーション」をクリック

[2] 撮影に使うデバイス（Web カメラなど）を選択し、「取り込みの解像度」を設定して、プレビュー画面下の「撮影ボタン」をクリック。

※　一眼レフカメラなど対応のデバイスだと DSLR 設定が利用できます。

「撮影ボタン」をクリック

[3] 「撮影ボタン」を押した後に物体を動かすと、「オニオンスキン」が表示され、どれぐらい移動しているのかを確認しながら撮影できます。

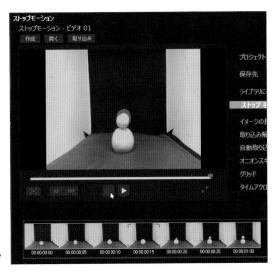

オニオンスキン

[4] [自動取り込み]を左側にクリック（ON）にして、設定ボタンをクリックすると、取り込み設定ができます。

合計取り込み時間が経過するまで、「取り込み頻度」（何時・分・秒ごと）にシャッターを切るという設定です。
（H→時間：M→分：S→秒）

この設定だと10分間30秒ごとに撮影する

[5] 撮影が終わったら、[保存]をクリックして、[終了]をクリック。

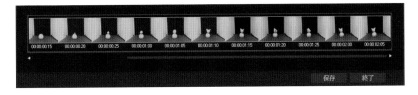

[6] 「タイムライン」に載せて、動画と同じようにモーションで動きを付けたり映像効果を適用できます。

「タイムライン」で動画と同じように扱える

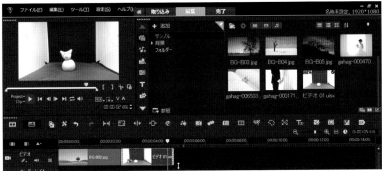

[7]「取り込み」で複数の画像を一括で読み込むこともできます。

「透過PNG」で作られたデータも読み込むことができます。

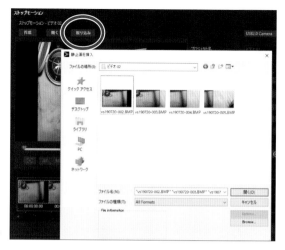

取り込み

[8] 連番の画像も動画のように扱えるので「モーションの作成」で複合的な動きのアニメーションにできます。

モーションの作成

5.21 「分割画面テンプレートクリエーター」で動きのある映像を作る（Ultimate限定）

「アルバム」のように、一度に複数の映像や写真が出るような表現を、自分で作ってみましょう。

[1]「分割画面テンプレートクリエーター」をクリック。

「分割画面テンプレートクリエーター」をクリック

[2] 右側の「分割ツール」を使って、線を引いていきます。

グラフィックで「星マーク」や「ハート」などをつけることも可能です。

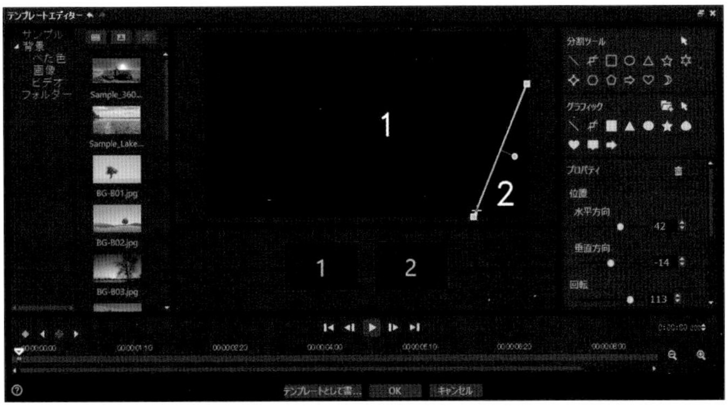

フレームアニメーションの最初の形を設定

[3]「タイムライン」の右端の「キーフレーム◆」を選択し、「移動ツール」で線の位置を変更します。

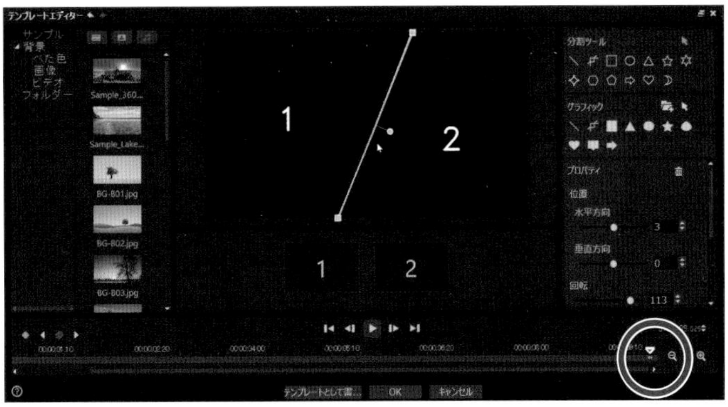

線の位置を変更

[4]「テンプレートとして書き出す」をクリック。

書き出すと、テンプレートの「分割画面」の中に表示されるので、「タイムライン」に追加します。

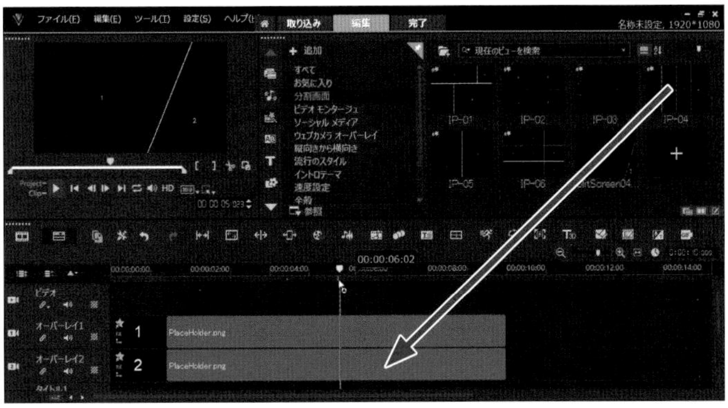

テンプレートとして書き出す

[5] (A)「置換モード」をクリックしてから、タイムラインのクリップにドラッグ&ドロップする。

(B)「オーバーレイ・クリップ」の上に、「Ctrl キー」を押しながら載せる。

(C) 右クリックして「クリップを置き換え」を選択のいずれかで素材を入れ替えます。

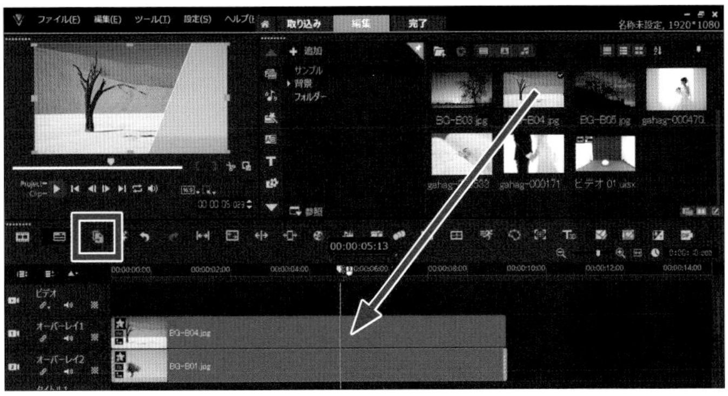

素材を入れ替え

5.22 | 映像を「左右反転」「上下反転」

映像を「左右反転」させることで、ダンスの練習動画を作ったり、文字が反転した不思議な空間を演出したりできます。

[1]「FX」の「2Dマッピング」のなかにある「フリップ」フィルタを適用。

フリップを適用

[2]「左右反転」しました。

上下反転など設定を変更したい場合は、フィルタをカスタマイズする必要があります。

タイムラインの動画の星マークをクリックし、[フィルタ]の[フリップ]をクリック。

フィルタをカスタマイズ

[3] フリップの方向を設定できます。

水平方向…左右反転　垂直方向…上下反転　両方…左右反転、上下反転

5.23 「映像」「音声」の速度の変更や逆再生

映像の再生速度を変更することで、ゆったりとした作品を創ってみたり、音楽に合わせた動きの「速度」「タイミング」を合わせることもできます。

■「速度」の変更（「スライダー」「%」で指定）

[1] 動画の上で右クリックし「スピード」から [再生速度変更 / タイムラプス] を選択。

[再生速度変更 / タイムラプス] を選択

[2] 再生速度の数値を小さくするとスローテンポになり、数値を大きくするとハイテンポ（高速）になります。（入力できる数字は 1% 〜 90100%）

[1 秒間のフレーム数] に数値を入力して速度を高速にすると、「タイムラプス動画」（コマ撮り撮影）のような"パタパタ感"を追加できます。

「再生速度」「タイムラプス」の設定

■ 再生速度の変更（「文字」や「音楽の尺」に合わせる）

[1] たとえば、「音楽の尺」に合わせて動画の速度を変更したい場合は、次のように作業をします。

　動画のクリップの右端を、キーボードの「Shift キー」を押しながら、合わせたい音楽の端までドラッグ。

※ 速度変更時、カーソルは黒から白に変わります。

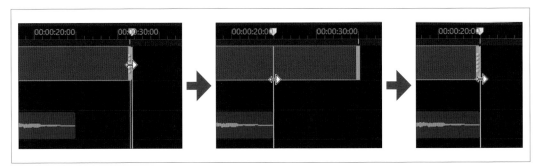

合わせたい音楽の端までドラッグ

[2] 音楽の速度を映像クリップに対して変更したい場合は、同じように音楽のクリップの右端を、キーボードの「Shift キー」を押しながらドラッグし、映像に合わせます。

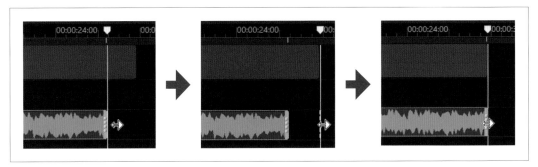

音楽のクリップを映像に合わせる

■ 逆再生

　動画をダブルクリックするか、右クリックし「オプションパネルを開く」を選択。
　[表示]タブの「ビデオを逆再生」にチェックを入れます。

「ビデオを逆再生」にチェック

■ 動画を一時停止する

[1] 動画の一時停止したい場所までスライダーを動かし、右クリックし [スピード] から [フリーズフレーム…] を選択。

[フリーズフレーム…] を選択

[2] 止める時間を「秒」「フレーム」で指定。後で変更も可能です。
　ここでは「3秒」止める設定になっています。そのまま OK をクリック。

止める時間を「秒」「フレーム」で指定

[3] タイムラインの動画がカットされ、間に「静止画」が入りました。
　この静止画の長さを変えることで、一時停止の時間を変更できます。

一時停止用の静止画が入った

第5章 編集テクニック

5.24 タイムラインの全体を表示する

作品を作っている最中に、「プロジェクトの全体を確認したい」「編集したい箇所に素早く移動したい」という場合の、タイムラインの表示方法のテクニックを紹介します。

[1] タイムラインの「横軸」（時間軸）の縮尺は、タイムラインの右上にあるスライダーを動かして調整します。

全体表示したい場合は「全体表示」をクリック。

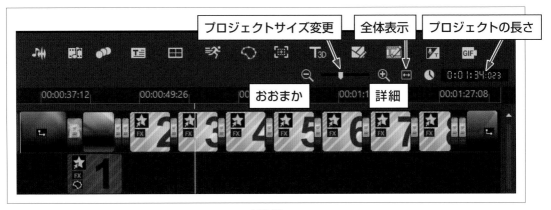

各機能

[2] タイムラインの上部には「時間」（時：分：秒：フレーム）が表示されていて、どこを編集しているのかが分かります。

また、「タイムコード」が表示されている箇所でマウスのスクロールを動かすと、タイムラインの「拡大」「縮小」が可能です。

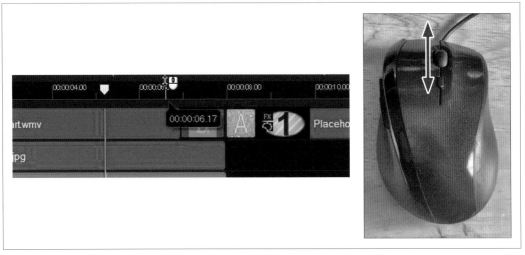

タイムラインの上部に「時間」が表示される

[3]「オーバーレイ」トラックを多用した作品を創っている際は、[すべての可視トラックを表示] をクリックすると、全体が見えます。

[すべての可視トラックを表示] をクリック

[4] また、パソコン画面の解像度が低く、タイムラインを表示しきれない場合、一時的に UI を動かすことでタイムラインを全体表示することが可能です。

タイムラインの左上にある点 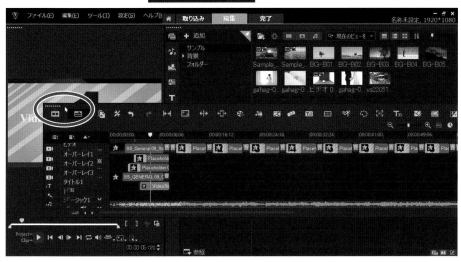 をドラッグします。

タイムラインをドラッグしてドッキング解除した

[5] 画面右側の矢印 に合わせます。

[6] このようなレイアウトに
しておくと、オーバーレイを
多用した作品を解像度の低
いノートPCなどで行なう
際も楽に編集することができ
ます。

自由にレイアウトを変更できる

[7] レイアウトは [設定]＞[レイアウトの設定]＞[保存先] のカスタム 1、2、3 で 3 種類保
存しておくことができます。

「切り替え先」から選択し
ていつでも変更することがで
きる他、デフォルト（購入当
時）のレイアウトに戻したい
場合はキーボードの F7 を押
すともとに戻ります。

設定から保存を行う。保存したレイ
アウトは「切り替え先」から呼び出
すことができる

5.25　「綺麗な肌」「目を大きく」「痩せる」効果（顔の効果・AR ステッカー）

[1] 写真や動画をダブルクリックするか、右クリックして「オプションパネル」をクリックし
て「顔の効果」を選択。

　すると、「目の大きさ」「顔の幅」「スキンのスムーズ化」などを調整できます。

顔の効果

[2] 目を大きくしたり、スキンのスムーズ化をして肌をきれいにしたり、顔の幅を補足したりできます。

目を大きくして
肌をきれいにした

[3] AR ステッカーを使うと顔に対してイラストなどをつけることができます。

5.26　「3D タイトル」を入力する（Ultimate 限定）

　上位版の「Ultimate」では、テレビ番組や映画で使われているような 3D のテキストを表示することができます。フル機能版の「MotionStudio 3D」も紹介します。

[1]「3D タイトルエディター」をクリックして起動。

[2] 画面右側のテキスト「3D Text」を好きな文章に変更。

[3] テキスト入力枠の下にある設定項目ではフォントなどを設定できます。
　「カラー」や「テクスチャ」も設定ができますが、左側の「プリセット」をクリックして、デザインや効果を簡単に適用できます。

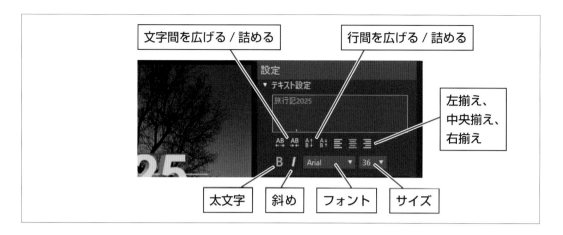

[4] タイムライン上部にある「長さ」がテキストの表示時間です。最初は3秒に設定されています。

青いバーをドラッグして伸ばすか、VideoStudioのタイムラインで調整するか、数値を直接入力して伸ばすことができます。

今回は、ダブルクリックして数字を入力し表示時間を変更してみました。

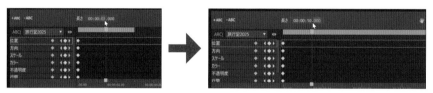

数字を入力して表示時間を変更した

■「3Dテキスト」を動かす（回転アニメーション）

[1]「3Dテキスト」にアニメーションを適用してみましょう。
タイムラインの青いバーの右端にスライダーを動かします。

スライダーを右端に動かす

[2] プレビュー画面下にある各ツールを選択し、プレビュー画面をマウスで動かしたり数値を入力することで、位置、回転、サイズを調整できます。
「最後このように止めたい」というデザインにします。

回転ツール

サイズ変更ツール

移動ツール

[3] キーフレームが作成されています。位置の行にあるキーフレームの上で右クリックして
「キーフレームをコピー」を選択。

キーフレームをコピー

[4] 大体数秒前（3秒ぐらい）のところまでスライダーを動かしたら、キーボードの「Ctrl」キー
を押下しながら「V」を押して貼り付け。
　同じように、方向、スケールもキーフレームをコピーし、貼り付けていきます。

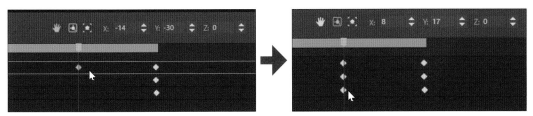

ショートカットキー（Ctrl+V）で貼り付ける

[5] スライダーを左端にもっていきます。

スライダーを動かす

[6] 最初のデザイン（位置、サイズなど）を設定。

回転ツールとサイズツールを使って数値を変更させた

「OK」を押して、「VideoStudio」に戻ります。

5.27　「GoPro」で撮影した「広角レンズ」の歪みを取り除く

「アクションカメラ」などは「広角」を撮影するために少し映像が歪みます。
ここでは、その歪みの取り除き方を紹介します。

＊

広角カメラやアクションカメラから、歪みを取り除く機能です。
プリセットで「GoPro HERO3、4」などがあり、設定変更できます。

「GoPro」で撮影した映像の例

[1]「補正」＞「レンズの補正」をクリックし、プリ
セットを選択。

プリセット画面

[2] その後、必要があれば下のパラメー
タを微調整。

歪みが補正されている

「GoProシリーズ」の360度カメラで「天体撮影」をするコツ

公式サイトにあった天体撮影するときのコツを紹介します。

https://gopro.com/en/us/news/how-to-capture-the-night-sky-with-gopro-fusion

[1] Wi-Fiで「GoPro Fusion」に接続をし、「GoPro」のアプリを起動。

　「GoProをコントロール」を選択します。

「GoProをコントロール」を選択

[2] モードをタップしてモードを変更します。

　静止画でいい場合は [夜間] または [ナイトラプスフォト] を選択します。

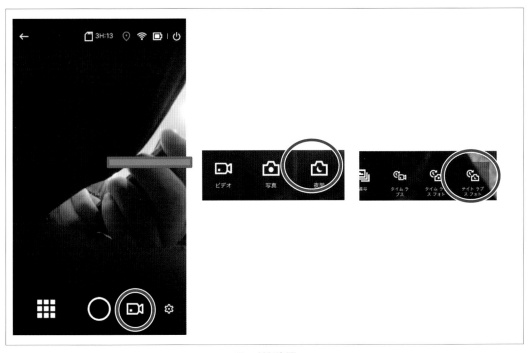

モードを変更

107

[3] モードを選択したら、「設定」をタップします。

設定をタップ

[4] 「夜間」の静止画の場合は、「シャッターを 30」に、「ISO 感度を 800」に設定します。「ナイトタイムラプス」の場合は「間隔」項目が増えますが「自動」で設定しておきます。

各設定

5.29 マルチカメラ・エディタ

「マルチカメラ・エディタ」とは、複数のカメラで同時撮影した映像編集のことです。

ライブやイベント、複数の楽器を撮影などし、音などで同期して、テレビ番組のように切り替えてみましょう。

[1] 同じ音や同じ場面を撮影した動画ファイルを選択し、「マルチカメラ・エディタ」をクリック。

ファイルを選択してから「マルチカメラ・エディタ」

[2]「ソースマネージャー」でファイルが割り振られます。

同じカメラで撮影した続きの動画の場合は、各トラックに動画を追加します。

音なども追加したい場合はここで割り振ることができます。

（「Pro 版」は動画ラインが 4 つ、「Ultimate」は動画ラインが 6 つ）

[3] 各タイムラインに割り当てられました。

「同期ボタン」をクリックすると、タイミングが自動で調整されます。

[4]「プレビュー画面」で動画をスタートし、使いたいカメラを、画面左上のカメラをクリックして選択します。「マルチカメラ」ラインに使うカメラの情報が記録されていきます。

[5]「マルチカメラ・トラック」でクリップサイズを変更すると、カメラの切り替えのタイミングの修正や微調整ができます。

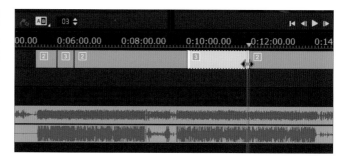

[6]「OK」をクリックして「VideoStudio」に切り替えます。
　「マルチカム・ファイル」をタイムラインにドラッグして利用します。

[7] タイミングを微調整したい場合は、右上のメディアパレットの中にある「マルチカム・ファイル」をダブルクリックして、調整してからタイムラインに再配置しましょう。

第6章

他のソフトと連携

「VideoStudio」は他のソフトと併用すると動画編集の幅を更に広げることができます。

よりいろいろな表現を行なったり、素材をきれいにしてみましょう。

*

ここでは、以下のソフトでの連携の仕方を紹介します。

・Corel Paintshop Pro・・・ 写真加工 / 画像編集ソフト
・Corel MotionStudio 3D・・・3D エフェクト、タイトル作成ソフト

工学社サポートページから、以下のソフトとの連携方法も解説した PDF がダウンロードできます。

・Corel Painter Essentials・・・ お絵かきソフト
・Corel CorelDRAW Essentials・・・ デザイン作成ソフト
・Cakewalk by BandLab, Audacity・・・ 音楽 Mix、波形編集ソフト

6.1　「Corel PaintShop Pro」で写真補正やレイヤー連携

　「Paintshop Pro」（ペイントショッププロ）とは、25年以上歴史のある画像編集・フォトレタッチソフトで、写真の補正からイラストまでこなせるソフトです。

　「スライドショー」などに使う写真をこのソフトで、あらかじめ補正しておくと、「VideoStudio」での作品もより一層完成度が高くなります。

　また、バージョンによっては「VideoStudio」と1つになったパッケージも販売されています。

■ 写真の明るさを補正してみよう

　起動すると管理画面が表示されます。

　　　※ 環境設定で「編集モード」で起動する設定も可能です。

管理画面

[1] たとえば、この少し暗い空の画像をキレイにしてみましょう。

元画像

[2] 画像を選択している状態で画面上部の [調整] タブをクリックし、左側のメニューから [ス
マート修正] を選んで、[推奨設定] をクリックします。

スマート修正

[3] [フィルライト / 明確化] で暗い部分だけを明るくすることもできます。

一部だけを明るく

[4] [フィルライト / 明確化] の明確化を左側
に動かすと、幻想的にボカすこともできます。

幻想的なボカシ

[5] [ローカルトーンマッピング] で、色のトーンが弱い部分だけ強くします。

極端にすると、「HDR」（ハイダイナミックレンジ）のような効果を得ることができます。

色のトーンが弱い部分だけ強く

■ 色調補正（ホワイトバランス、色かぶり）

では次に「色かぶり」を修正してみましょう。

[1] [スマート修正] を選んで [白] と思われる部分を、画像の上でクリックしていくと、その色を基準に全体が補正されます。

[白] や [黒] と思われる箇所をいくつか選択しましょう。

スマート修正

[2] 少し肌をきれいにしましょう。

画面上部の [編集] タブをクリックして、「ラーニングセンター」の [レタッチ / 復元する] をクリック。

※「ラーニングセンター」が見つからないときは [F10] を押します。

[レタッチ / 復元する] をクリック

[3] [スキンのスムーズ化] をクリック。

　[スキンのスムーズ化] の補正量を挙げると綺麗になる反面不自然になります。

　ちょうどいいところで「OK」をクリック。

（比較が出ない場合、左上の [プレビュー] の三角形をクリックしてください。）

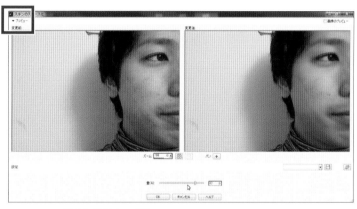

スキンのスムーズ化

[4] [メークオーバーツール] の「シミ修正ブラシ」を使い、頬あたりをキレイにしてみました。

シミ修正ブラシ

■ 背景の削除（合成）

[1]［画像］から［オブジェクトの抽出］を選びます。

オブジェクトの抽出

[2]「ブラシツール」で必要な部分の周りを、大まかに塗ります。

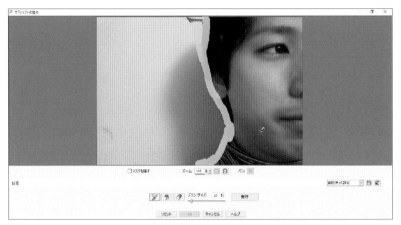

ブラシで大まかに塗る

[3]「バケツボタン」をクリックし、必要なほうを画面上でクリックし、「実行」をクリック。

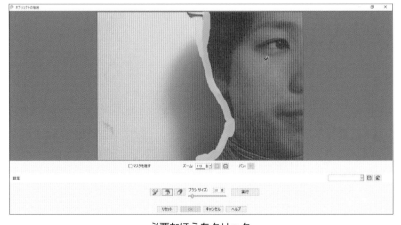

必要なほうをクリック

[4] チェック模様になっている部分は「透明になっている」という表示です。
「OK」をクリック。

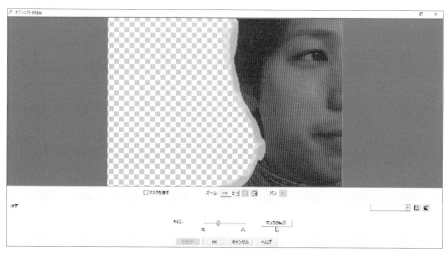

背景が透明に

[5]「VideoStudio」で画像を扱う際、「透明情報」を維持できるのは「透過 PNG」です。

[ファイル] → [エクスポート] → [PNG イメージのオプティマイザー] をクリック。

[PNG イメージのオプティマイザー] をクリック

[6] 透過色のタブをクリックし、[アルファチャネルの透過] にチェックを入れて「OK」をクリック。

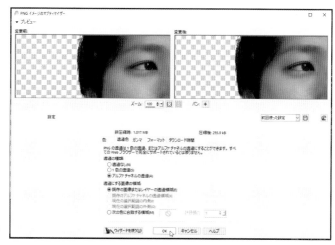

[アルファチャネルの透過] にチェック

[7]「VideoStudio」の「オーバーレイ」トラックにもっていくと、このように背景が透けています。

背景が透けている

■「VideoStudio」との特別な連携（PSPimage）

「VideoStudio」は、「Paintshop」のオリジナル形式「Paintshop Pro 形式」の読み込みに対応しています。

入れ方を工夫すると、各トラックにバラバラに配置できます。

[1]「Paintshop」でレイヤーを作ります。

1つなら画角に対してある程度正確に画像を配置できますし、複数あれば、より便利に配置が可能です。

「Paintshop」でレイヤーを作る

[2][ファイル]から[名前を付けて保存]をクリック。

[ファイルの種類]で[PSPIMAGE(*pspimage,…)と]を選択し、[ファイル名]に好きな名前をつけて、任意の場所に保存します。

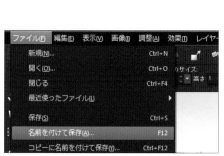

名前を付けて保存

[3] 「VideoStudio」の「オーバーレイ」トラックにドラッグ＆ドロップします。
すると、このように複数のタイムラインに別々に配置されました。
各画像にアニメーションをつけると、さらに面白いでしょう。

「オーバーレイ」トラックにドラッグ＆ドロップ

[4] 通常の画像と同じように「一枚の画像」として使いたい場合は、「Shift」キーを押しなが
らタイムラインにドラッグ＆ドロップすると1トラックに入ります。

「Shift」キーを押しながらドラッグ＆ドロップ

6.2 「Corel MotionStudio 3D」で 3D タイトルやパーティクルエフェクト

「Corel MotionStudio 3D」は、「3D のタイトル」や「パーティクル」（「炎」や「キラキラとした効果」など）などの映像効果が作れるソフトです。

「炎」や「花火」などの効果やオブジェクトなど約 1000 種類のプリセットが入っているため、初心者でも手軽に作ることができます。

＊

基本的な「編集画面」です。

右上に「イージーパレット」、下側に「タイムライン」、左上に「プレビュー画面」があります。

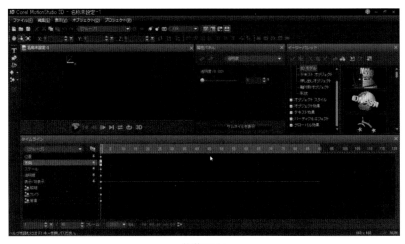

編集画面

「イージーパレット」には、「炎」「花火」などのエフェクトや、さまざまな動きなどの設定がアイコンで表示されています。

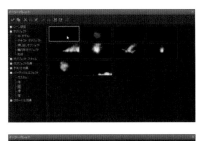

イージーパレット

[1]「イージーパレット」の [オブジェクト] から [テキストオブジェクト] を選択し、使いたいデザインの文字をダブルクリック。

テキストオブジェクト

[2] 画面左側のプレビュー画面の文字の上でダブルクリックすると、文字を変更できるので、目的の文字にします。

　フォントなども変更できるので、好きなフォントに変えてもいいでしょう。

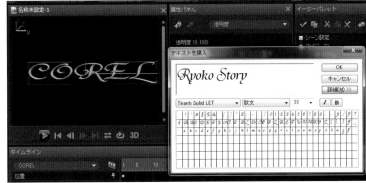

文字を変更

*

　「エフェクト」なども適用できます。

　例として「パーティクルエフェクト」を適用してみましょう。

　[パーティクルエフェクト] から [雪] を選び、好きなものをダブルクリック。

[雪] を選択

　エフェクトが適用されました。

エフェクト

エフェクトにもさまざまな種類があります。

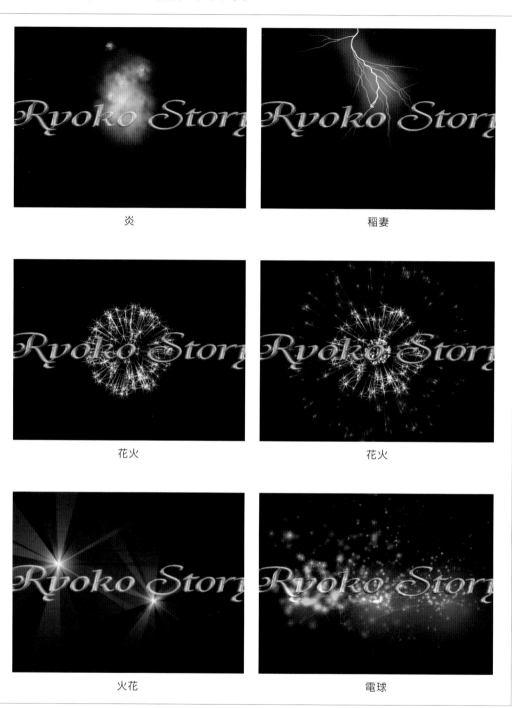

炎

稲妻

花火

花火

火花

電球

　[属性パネル]の上の方にあるリストから[カメラ]を選択すると、「ズームイン」「ズームアウト」が可能になります。

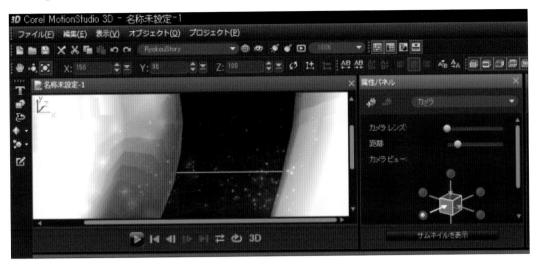

「ズームイン」「ズームアウト」が可能

＊

　すでにあるオブジェクトの文字を変えるのも簡単です。

[1] [イージーパレット]の中にある[オブジェクト]から[3D モデル]を選択し、次のオブジェクトをダブルクリックして展開します。

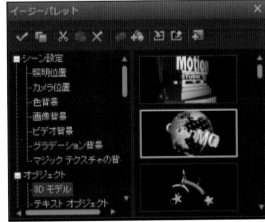

[3D モデル]を選択

[2] 画面左側の「プレビュー画面」の文字の上でダブルクリックし、文字を入力し直します。

文字を入力

[3] 適用されました。

変更した文字が適用された

[4] 保存してみましょう。

　プロジェクトを保存する場合は [ファイル] から [名前をつけて保存] を選択します。

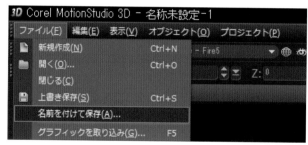

名前をつけて保存

[5] このように保存したプロジェクト形式（c3d 形式）は「VideoStudio」で直接読み込むことが可能です。

「VideoStudio」で直接読み込み可能

　「エフェクト」や「文字の動き」によって、動画のファイルで出力したほうが軽くなるとき
があります。

　そのようなときは[ファイル]から
[ビデオオーバーレイに出力]を選び、
[Avi]を選択すると、「アルファチャネ
ル」を含んだ動画として出力できます。

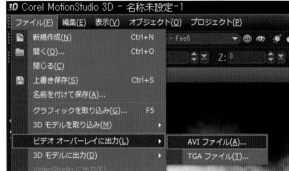

[Avi] を選択

！ Point

　[パーティクルエフェクト](泡、炎、煙、雪、カスタム)は、他の物体(文字やオブジェクト)が
なくても保存が可能です。

[1] 左側のツールバーには、「円錐」や「キューブ」などの形が元々入っている他、パスを描
くことで「左右対称」や「回転」した 3D が作れる「軸対称オブジェクトを挿入」という機能
もあります。

軸対称オブジェクトを挿入

[2] また、複数のオブジェクトをまとめて 1 つのデータとして回転などをさせたい場合につい
て解説します。

　[表示]の[パレットマネージャー]にある[オブジェクトマネー
ジャー]を開いて、「Shift」キーを押しながらオブジェクトを選択
し、「オブジェクトをグループ化」で「サブグループ」にします。

サブグループにする

[著者略歴]

西村　太一（にしむら・たいち）

関東国際高等学校、日本デザイナー学院グラフィックデザイン科卒。
15年以上PCソフト・デモンストレーターとして活躍し、映像編集の楽しさや、テクニック
を伝えるほか、「PaintShop Pro」「Painter」「CorelDRAW」などの知識も幅広い。
現在は小中高の ICT 関連の支援、コーディネーターや、「イラスト」「動画編集」「DTP」
などの業務、講師も行なう。
また自ら Web ラジオのパーソナリティ、声優などの発信者、パフォーマーとしても
活動中

https://crosscolors.net/

[著書]

VideoStudio 動画編集テクニック
ストリーミング配信をはじめよう！
VideoStudio ではじめる動画編集講座　　　　　　　　　　（以上、工学社刊）

[共著]

「やさしい地デジ」「わかる Firefox」「わかる Thunderbird」　（以上、工学社刊）ほか

質問に関して

本書の内容に関するご質問は、

① 返信用の切手を同封した手紙
② 往復はがき
③ FAX(03)5269-6031
　(ご自宅の FAX 番号を明記してください)
④ E-mail　editors@kohgakusha.co.jp

のいずれかで、工学社編集部あてにお願いします。
なお、電話によるお問い合わせはご遠慮ください。

工学社ホームページ

「サポート」ページは、下記にあります。
http://www.kohgakusha.co.jp/

I O BOOKS

VideoStudio 2022　動画編集テクニック

2022 年 6 月 25 日　初版発行　ⓒ2022

著　者　　西村　太一
発行人　　星　正明
発行所　　株式会社 **工学社**
〒160-0004 東京都新宿区四谷 4-28-20　2F
電話　　　(03)5269-2041(代) [営業]
　　　　　(03)5269-6041(代) [編集]
振替口座　00150-6-22510

※定価はカバーに表示してあります。

[印刷] シナノ印刷 (株)

ISBN978-4-7775-2199-9